もし[illegible]に巻き込まれたら
こ[illegible]生きのびる

民間人のための
戦場行動マニュアル

(株)S&T OUTCOMES
川口拓
(一社)危機管理リーダー教育協会

誠文堂新光社

はじめに

私、川口拓は、今回のこの書籍の一部を共著者として書き添えていますが、そんな私は一度も戦地に身を置いたことがありません。それにもかかわらず、10年以上にわたり、危機管理&サバイバル教官として、たくさんの自衛官さんたちと時間を過ごさせていただいております。彼らは平和維持活動遂行のために、いわゆる「実戦地」へ赴く方々です。なぜ私のようなアマチュアが、いわばプロである自衛官さんたちと一緒に危機管理を探求できたのでしょうか？

ひとつには、この本の多くの部分を担当する、現S&T OUTCOMES（以下、S&T）に所属するセキュリティのプロたち、そして、その顧問を務めるS氏が、教官インストラクターチームとして私を誘ってくれたという経緯があります。そんな心強い仲間が「自分がサポートするのでまったく問題ありません。」といってくれたときの安堵感は忘れられません。自衛官というプロの方々に何かをインストラクションするというのは、当初、私にとって大きなプレッシャーでした。

ところが、そのうち慣れてくると、一緒にいたメンバーたちが放っていた独特のオーラが私に乗り移ってきたのでしょうか？ とある自衛官さんから、「川口さん、こんなこと聞いてしまっていいのかわかりませんが……もしかして今までに人を殺めた経験があるのですか？」なんて聞かれることもありました。「いえいえ、私は戦地に身を置いたことなどないですから、そういった経験は一度もありませんよ。」と答えたのですが、それさえも何か秘密を隠すためのコメントに聞こえたようで、そのときの自衛官さんの複雑な表情はいまだに覚えています。

そしてもうひとつの理由は、われわれの考える危機管理というものの性質にあります。危機管理という言葉は、おそらくかなり専門的な響きをもったものに聞こえるかと思います。専門技術、難しい知識を要するものであり、一般の人々が扱えるものではない。そんなイメージが湧くかと思います。ところが実際に機能する危機管理術というのは、実はとてもシンプルで、身近なものでなくてはなりません。専門的で複雑なものは、見てくれや響きこそよいものの、頭も体もついていかないものに仕上がってしまう傾向にあります。誰にでもできる、簡単でカジュアルな危機管理術には、躍動感があり、迷いが生じません。われわれが自衛官さんたちと共有し、探求してきたのは、そんな危機管理術です。誰にでもできる、だからこそ実戦経験のない私にもインストラクションができるものなのです。

危機管理は難しくない、だからこそ一般の人々こそ実践すべきというのは、われわれの理念でもあります。今回のトピックである戦争に限らず、災害時や、森で道に迷ったときなど、あらゆる危機に直面したとき、われわれ一般人は主に公的機関からの救助に頼りたくなります。運よく、その危機に直面した直後に救助をしてもらえることもあるでしょう。ところが多くの場合、救助が来るまでの間、そしてその危機が自分に降りかかった「そのとき」を切り抜けなければならないのは、直面した本人である、あなたなのです。

あなたのなかに、まさにその危機管理のノウハウがなければ、あとはすべて運任せということになってしまうのです。そして、この運任せの状態ほど、不安で怖いものはありません。なぜなら、そのときに当事者である自分が感じる恐怖というものが、運任せゆえの得体の知れないものだからです。どんな恐怖なのかもわからない、ゆえに、どんな心構えをしたらよいのかもわからない、ましてや対処法などわかるはずもない。そしてここで、さらに悪循環が生まれます。怖いものに直面したくないという、誰もがもっている一種の本能的な気持ちが、その問題に直面することを先延ばしにするのです。そうしている間に恐れていることが起きてしまう、それが最悪のパターンです。

危機管理プランを立てる手順の第一歩、それは、どんなリスクが自分に降りかかるおそれがあるのかを知ることです。初めは、その事実に直面すること自体に恐怖を感じるかもしれません。でも、その危機管理プランを立てていき、そのプランが具体化していけばいくほど、そのリスクがどんなものなのかを知り、そしてイメージすることができます。その事態に対する恐怖心というものは、決してなくなることはありませんが、その質は、明らかに変わってきます。心構えができ、実際に機能する保証はないけれども、その対処法を知ることができれば、リスクにしっかりと向き合うことができ、戦う準備ができるのです。

また、危機管理というものは、自分のなかから生まれたものほど機能します。既製品ではなく、自分用にオーダーメイドされたものほど、生き生きとするのです。実戦経験のない私たちが自衛官さんたちと共有しているのは、まさにそのオーダーメイドをするノウハウです。自分用の危機管理術を組み立てる方法を、現S＆T隊員の実経験とノウハウを交え組み上げたのです。それをもとに、それぞれの海外勤務地に赴く隊員さんたちが、自分用の危機管理指標、行動プランをつくり上げました。そして、それは現地で見事に機能し、成果を挙げました。

われわれ日本人が戦争というものに直面するおそれはゼロではありません。そして、われわれの多くは、その恐怖がどんなものかを知らないし、ましてや対処法などを心得ているはずもありません。まったく得体の知れない戦争というもの、それを少しでもイメージすること。戦争に対する危機管理はそこから始まります。この本は、そんな役割を担っていると思います。そしてその戦争に関する情報というものが、無機質なものに終わらないよう、ときに大胆な仮説を立て、そのストーリーやシナリオをイメージしやすくしてみました。読んでいる皆さんが、もし自分だったら?と感情移入しやすいよう、少し小説風に、ドラマチックに、あくまでも想定しうる設定の範囲内で衝撃的なシナリオ立てをしている部分もあります。ぜひ、そんな本書にお付き合いいただき、カジュアルな気持ちで、戦争に対する危機管理の一歩を踏み出してほしいと思います。

(令和元年5月22日記)

川口 拓

※本書は特定の国を想定しているものではなく、架空の戦場を想定した戦場サバイバルマニュアルです。ただし、一部に日本を例とした言及がありますが、あくまで内容の補足を目的としたものです。

CONTENTS

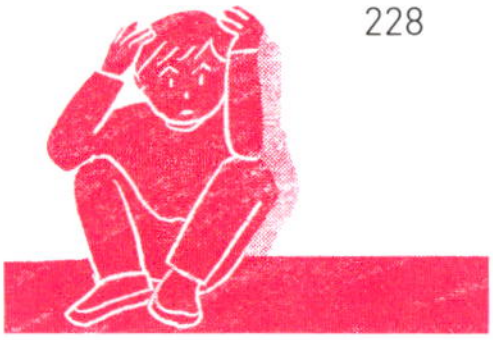

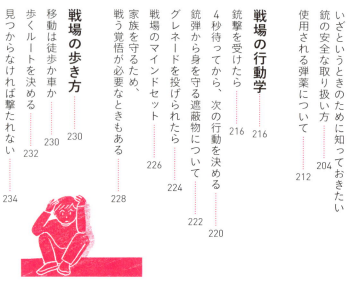

STAGE 1

開戦前

開戦。そのとき何が起こるのか

現実味を帯びる開戦

戦争は、いつ起こるかわからない。いや、人類の歴史をみれば、むしろ戦争が起きていないときのほうが少ないくらいだし、日本にしても、第二次世界大戦が終わってからまだ100年も経ってはいない。アメリカ、ソ連、イギリス、フランス、イタリア、ドイツなど世界中の主要な国々のほとんどが参加して互いに殺しあっていたのは、それほど昔の話ではないのだ。

領土争い、宗教の違い、経済上の軋轢、資源の枯渇、食糧不足など、戦争の火種はいつもそこいら中に転がっているし、実際に、世界のど

人類の歴史は戦争の歴史といっても過言ではないが、その是非はここでは関係ない。問題はどう生き残るかだ

こかでいつも戦争は起こっている。それが戦後数十年に限ってたまたま自分の国でなかっただけの話であり、この先も戦争が起きないと断言することなど、到底できはしない。

ある日いきなりどこかの国からミサイルが飛んでくるかもしれないし、東京の真ん中で爆弾が爆発するかもしれない。大事なのは、明日戦争が起きたら、自分は家族や知人とともに生き残るためにどんな行動をすべきなのか、そして、そのためにどんな準備をしておくかだ。

その準備の第一歩となるのは、戦争は明日にでも起こるとはっきりと認識することである。本当に起こるか起こらないかという議論はここでは必要ない。戦争が起こるという想定が、次の行動を生むのである。

戦争時に考えられる展開

戦争が始まったら、どんなことが起こるのだろうか。きっと最初は突然だ。ある日いきなり核爆弾か高性能爆薬を積んだ弾道ミサイルが、自分の国を目がけて飛んでくる。そこいら中のスマートフォンやパソコンで警報が鳴りだし、ミサイル襲来を告げる放送が町中に響く。そして、ミサイルが何発か着弾し、大きな被害を出す。

あるいは、国内でテロ行為が続々と発生することもあるかもしれない。爆弾や生物兵器、化学兵器などが使用され、人々が恐怖におののく。そしてその混乱に乗じて密かに陸上部隊が上陸。国内の要所を制圧するというストーリーだ。

ミサイルや爆撃で国内の武力をある程度まで排除したら、多くの上陸部隊がやってくる。近海を艦船が埋め尽くし、上陸艇に乗って武装した兵士が続々と陸に上がってくるだろう。そうしたら、自国の軍と戦闘状態になるかもしれない。銃声や砲弾の音が聞こえるのが日常になり、町を歩くのも危険になる。

敵国に占領されることも考えられる。そうなったら、捕虜として家族と離れ離れにされて収容所に入れられるか、戒厳令が発令され自宅軟禁ということになる。最悪のケースは虐殺だ。

敵国の兵士たちが続々と上陸してくる姿は、恐怖以外の何物でもない。それから何が起こるかは、誰にもわからない

攻撃以外にも起こる問題

武力による脅威以外にも、憂慮しなくてはならない問題が起こる。まず、水道や電気、ガスなどの生活インフラは、敵国の攻撃により破壊されたり、もしくはゲリラ工作により毒物で汚染されたりして使えなくなることが考えられる。敵国に完全に制圧されたら、インターネットや電話などの通信手段も使えなくなるだろう。

そして、食料やガソリンの不足を恐れ、多くの人がパニック買いに走る。物資不足になることは間違いないだろう。

また、混乱に乗じて略奪や強盗をする人間はどこの国にも必ずいる。こうした犯罪に巻き込まれないよう、十分に注意する必要がある。

生活インフラの機能停止

敵国がまず発電所や通信施設を攻撃することは大いに考えられる。また、水道を毒物で汚染するというゲリラ攻撃のおそれもある

パニック買いと供給不足による生活必需品の不足

何が起こるかわからないという恐怖から、パニックになって買いだめをしようとする人もたくさんいるはず。これにより、生活必需品が不足する

略奪や強盗など犯罪の増加

店舗への略奪行為や強盗など、浅はかな犯罪が増加するのは間違いない。無駄に外出しない、危険な地域は避けるなどして、巻き込まれないようにする

開戦前に準備しておくべきこと

戦争の匂いを感じ取る

いつ戦争が起こるのかを正確に言い当てるのは難しいだろうが、本当に何の原因もなく戦争になることはない。その前に、何かしらの予兆があるはずである。

最もわかりやすいのが近隣諸国との関係悪化。歴史的認識の違いや宗教観の違いによる争い、領土争いなどがエスカレートしてきたら、戦争に発展するおそれがある。

もしテロが増加してきたら、それを開戦前のサインと読むこともできる。明白に個人によるテロリズムであれば違うだろうが、組織的なテロであればどこかの国や団体が戦争を挑んでくる前段階かもしれないのだ。また、近隣の国が戦争状態になった際、その争いに巻き込まれるという地理的リスクについても認識しておきたい。

外国企業や大使館員が撤退しはじめたら、いよいよきな臭い。撤退するのは、そこにいたら危険だという情報がもたらされた証拠である。こうしたニュースも日頃からチェックし、戦争のサインを見逃さないようにしておく。

戦争が起こる予兆を見つけるためには、日頃から国際・国内情勢に敏感になり、ニュースなどをチェックしておく必要がある

オープンセキュリティサークルという考え

警護の場合

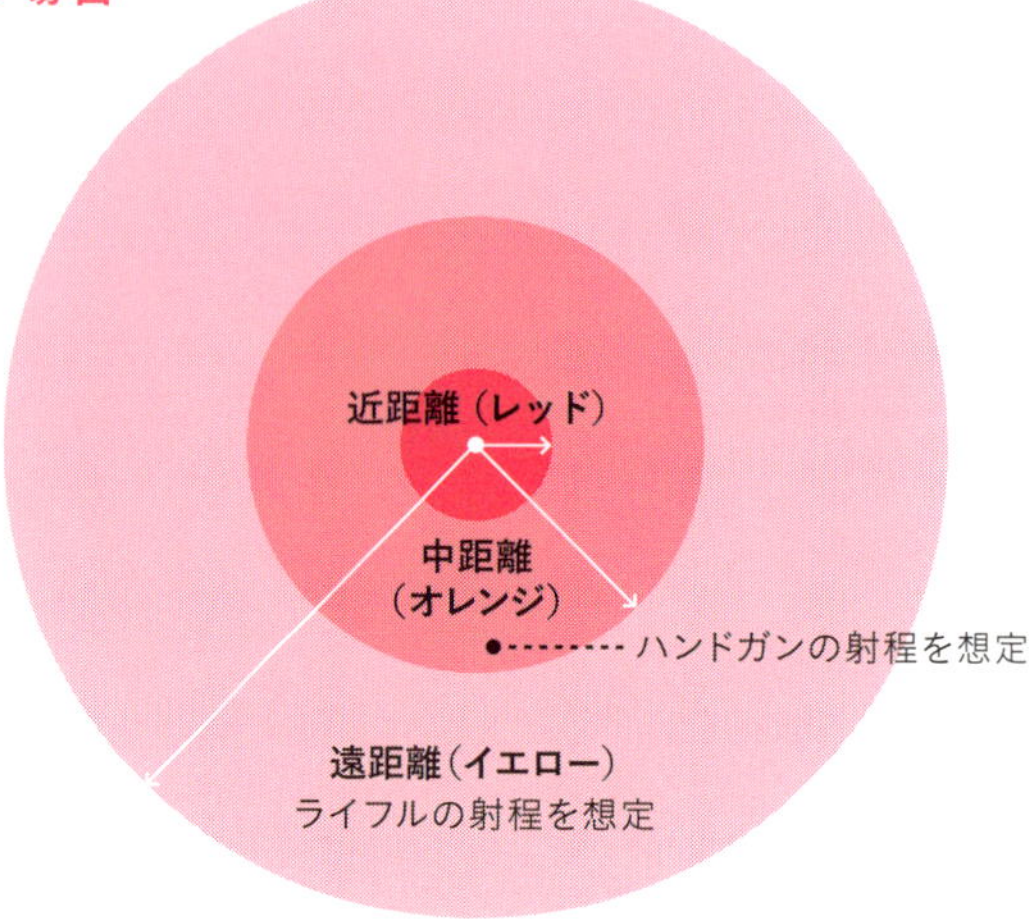

自分や家族に迫る危険性がある脅威を整理しわかりやすくする考え方として、オープンセキュリティサークルというものがある。

これは本来、警護活動で使われる概念で、守るべきものを中心に円を描き、安全な範囲をブルー、中程度の危険範囲をオレンジやイエロー、危険な範囲をレッドとして危険度を分け、警護にあたる者全員が何が危険なのかを共有するためのもの。例を挙げれば、ブルーはライフルでも届かない距離、オレンジはハンドガンが届く距離、レッドは直接触れる距離というようにし、状況によってそれぞれの円を狭めたり、広げたりもする。また、中心の守るべき存在が動けば、

犯罪への対処の場合

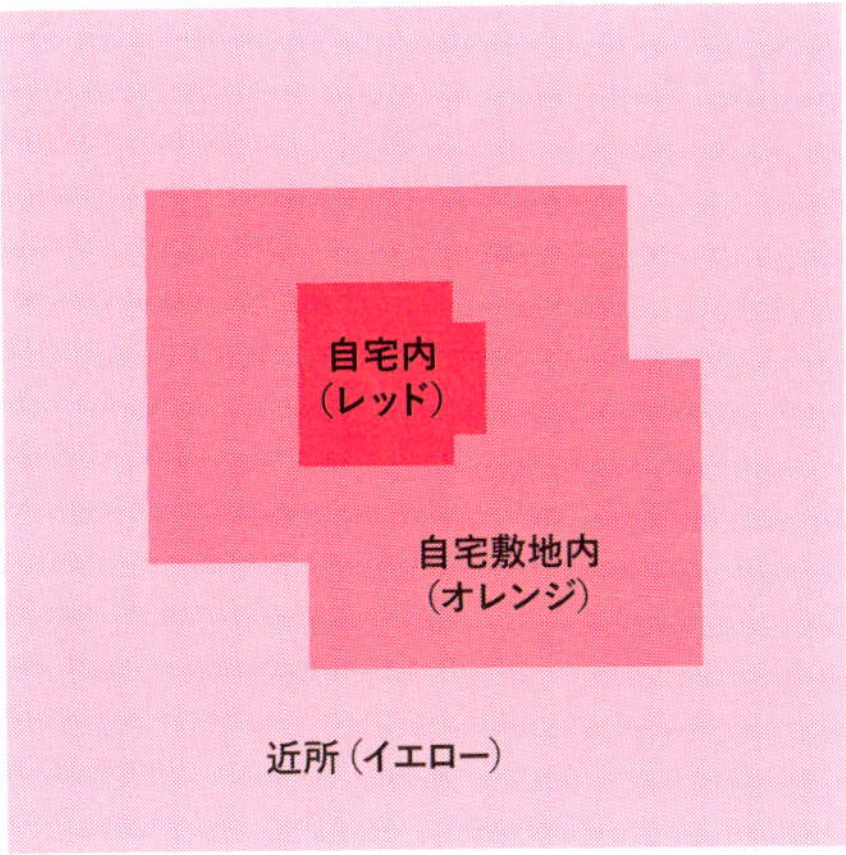

考えられる危険を整理する

オープンセキュリティサークルは、迫る危険を整理し対処法を共有するためのもの。これを考えておくことで、いざというとき慌てずにすむ

円もそのまま移動することになる。

これを家庭なり自分なりに置き換えると、たとえば家の中がレッド、敷地内がオレンジ、近所がイエローというふうになる。また、実質的な距離ではなく、こんな事象が起きたらイエロー、こんな事象が起きたらレッドというように、脅威の種類によって色分けすることもできる。

大切なのはこれが起きたらどれくらい危険なのかという警戒のスイッチと、これが起きたらどうするのかという対処法をゾーン別にしっかりと家族が共有することである。

そのためにも、日ごろから自分の生活圏内ではどのようなリスクが潜んでいるのかを整理しておく癖をつけておきたい。

戦時下マップの作製

戦争が起きたときに備え、必ずつくっておきたいのが、戦時下マップ。これは、自宅なら自宅周辺、会社なら会社周辺で、戦争になったときにどこが危険でどこが安全なのかをあらかじめ調べて整理しておくためのものである。

マップには、まず爆撃や弾道ミサイルの警報が鳴ったときに逃げ込める場所とそこまでの経路や、ビルの下など、いてはいけない場所（詳しくはP74〜）をあらかじめ調査し書き込んでおく。避難できる場所は、ばらけた方向に複数用意しておくべきである。

さらに、インフラ設備や政治施設など、近くで攻撃を受けそうな場所も調べておく。加えて、

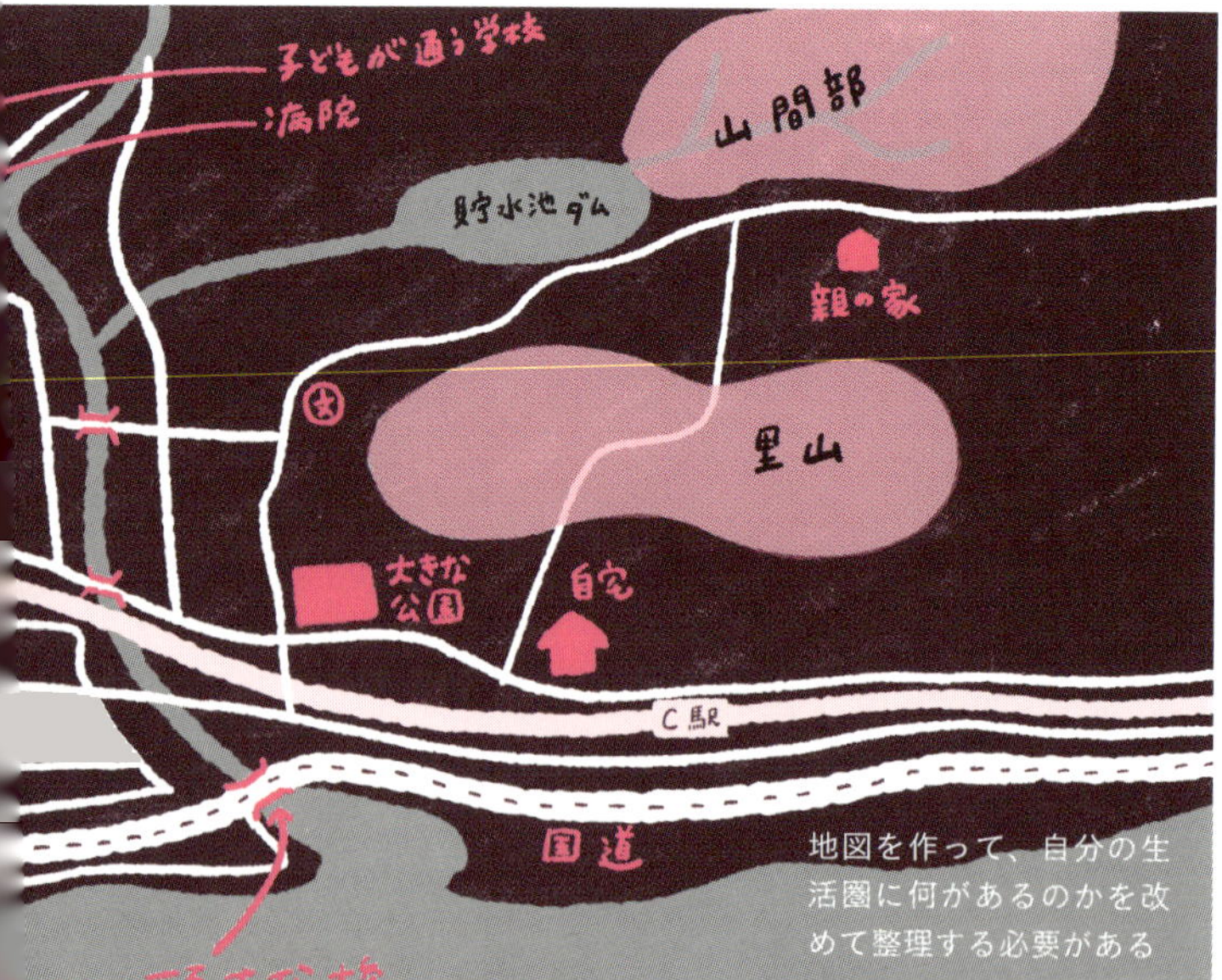

地図を作って、自分の生活圏に何があるのかを改めて整理する必要がある

怪我をしたときに治療を受けられそうな病院、水が手に入りそうな公園、次のページに出てくる家族との集合場所など、必要と思える施設や場所も記入。また、家族が通う学校や会社などがわかるようなものもあるとよりいいだろう。

また、電車やバスなどの交通機関が使えなくなるおそれも大きいので、マップは徒歩での移動を前提としたものにする。

こうやって、戦争になったときに、どこが危険でどこが危険でないか、また、決めた場所までどうやってたどり着くかを整理しておけば、いざというときに慌てずにすむはずだ。地図はパソコン上だとデータが破壊されたら見ることができなくなってしまうので、紙のものを使うか、プリントしておくべきである。

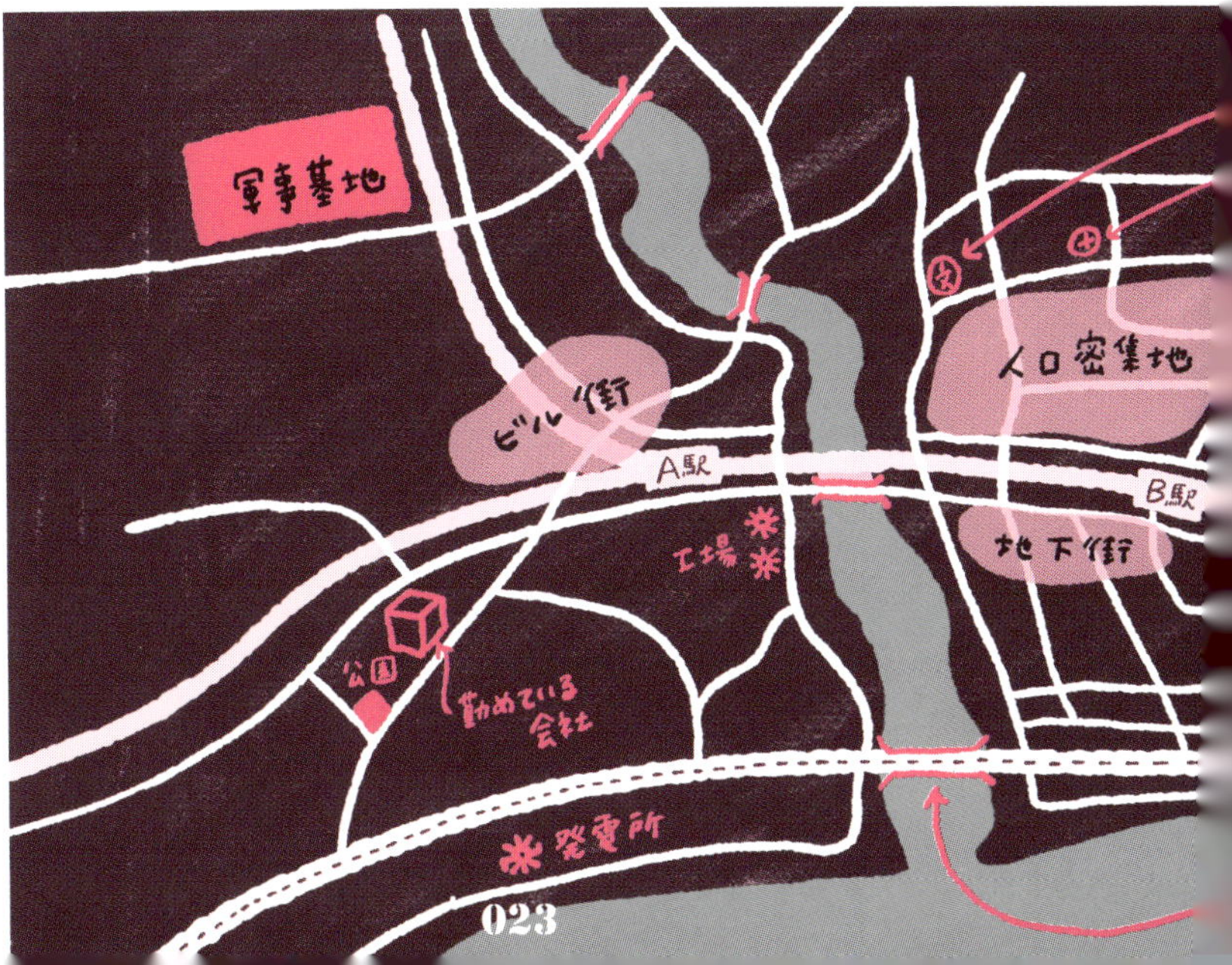

ランデブーポイントの設定

爆撃があったときや戦争が始まったときに、家族全員が違う場所にいるかもしれない。自宅に集まればそれでよいが、自宅が倒壊や火災などの被害に遭ったときや、何かしらの攻撃で近寄れなかったりしたら、家族が離れ離れになってしまう。そんなとき携帯電話が使えない可能性も高いので、集合場所（ランデブーポイント）をあらかじめ決めておくべきである。

いざミサイル攻撃や爆撃があったときに、街がどのような状態になるかはわからない。いつもは通れる道が瓦礫だらけで通れないかもしれないし、決めてあったポイントが破壊されてしまっているかもしれない。そのため、ポイントは最低3ヶ所用意しておくこと。混乱状態なはずなので、庭のこの木に集まるとか、できるだけピンポイントで決めておいたほうがいい。空爆の後などは、様相が大きく変わるので、わかりやすい場所を選ぶことも重要である。

集合場所の選び方のポイントは、攻撃を受けそうな施設から離れた場所で、身を隠せる場所もあるようなところが理想だ。頑丈なコンクリートの壁がある施設でもいいし、森のなかの小屋でもいい。いくつか違うタイプのポイントを用意しておけば、状況に合わせて使い分けることもできるはずだ。また、この情報は必ず家族全員で共有しておかなくては意味がない。

集合場所は攻撃を受けにくいところに。第3ポイントまで決めておく

備蓄がある自宅が第１ポイント。集合場所に何日か滞在することになるかもしれないので、安全で備蓄が用意されている施設や場所を選びたい

備蓄品をチェックする

ひとたび戦争になれば、日用品も食料も流通が滞り、品不足になる。そうなってから慌てないように、日頃から自宅に少なくとも3日分の食料、水などを備蓄しておく。小さな子供がいたり、老人がいたり、アレルギーがあったりと、必要な品物は家庭ごとに違うので、自分の家族の生活スタイルに必要なものは何なのかを考えておきたい。これらは、きっと地震などの災害時にも役立つはずだ。

さらに、避難するときに持ち出すものを入れておくゴーバッグも必ず用意しておくべきだ。このゴーバッグの中身については、次のページからより詳しく解説していく。

家族ユニットで考える

何を備蓄すべきなのかは、家庭のライフスタイルによって違う。自分の家族に必要なものは何なのかを考えてみたい

ゴーバッグの中身の例

カテゴリー	用意するもの
基本的なサバイバルグッズ	ナイフ（マルチツールなど）
	細引きや麻紐など細めのロープ
	ヘッドライトやハンドライト
	地図
	コンパス
	ペンとメモ帳
シェルターになるもの	テントやタープ
	エマージェンシーシート
	防水シート
	寝袋
	コンパクトな防寒着（ダウンジャケットなど）
	雨具
水を得るためのもの	ウォーターボトル
	鍋
	携帯浄水器
火をおこすもの	マッチやライター
	ガスバーナー
非常食	高カロリーなプロテインバー
	ビタミン剤
	ナッツやドライフードなど
	各種カトラリー
	調味料
衛生用品	歯ブラシ
	ガーゼ
	絆創膏や包帯、消毒薬、止血帯などの医療品
	バンダナ or 三角巾
	マスク
余裕があれば揃えたいもの	釣り具
	寝袋用のマット
	着替え
	ラジオ
ジグナリングツール	ホイッスル
	ミラー

ゴーバッグを用意する

ゴーバッグとは、いわゆる非常持ち出し袋のこと。現金などの貴重品やパスポートなどの身分証明書のほかに、何もない状態で最低限3日間は生きのびられるだけの装備を入れ、即座に持ち出せる場所に置いておく。

用意するゴーバッグの数は、家族がいつも全員、家にいるとは限らないので、ひとりにつきひとつが理想。自宅からの脱出路が限られることもあるので、枕元や玄関、お勝手口、自室など、複数の場所に置いておくとなおいいだろう。

ゴーバッグの中身は、大きく分けて「サバイバルグッズ」「シェルターになるもの」「水を得るもの」「火をおこすもの」「非常食」「衛生用

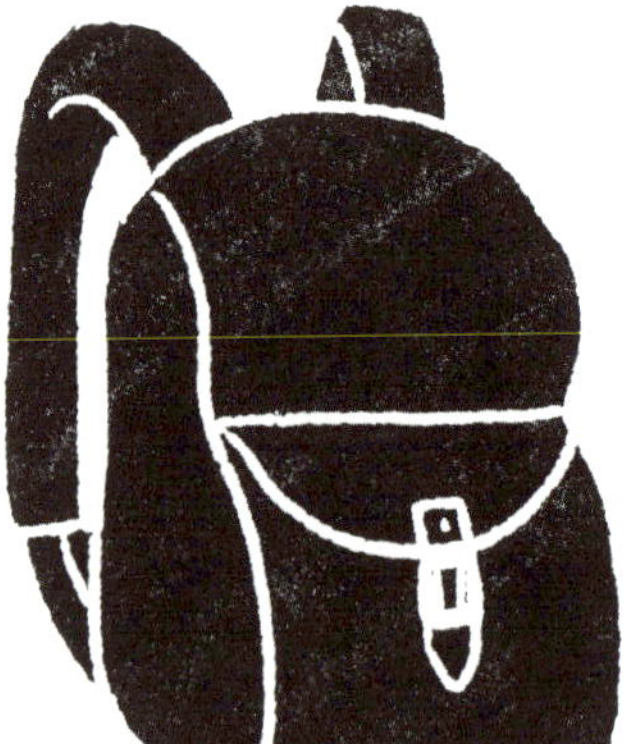

いざというときに
持ち出すゴーバッグ

非常時にすぐに逃げなければならない、というときに即座に必要なものを持ち出せるよう、準備しておくのがゴーバッグ。家族ひとりにひとつずつが理想で、家や車など複数ヶ所に用意しておくとなおいい。勤め先にも用意しておくべきである

ゴーバッグの中身❶ 基本的なサバイバルグッズ

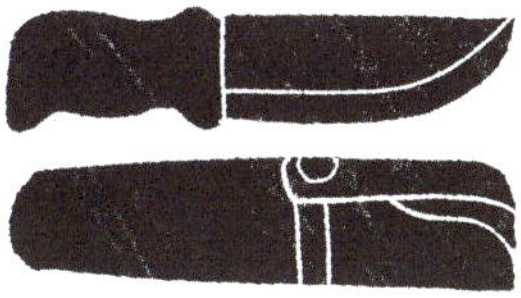

ナイフ

いろいろな道具が付いたマルチツールもいい。武器にもなる

ロープ

丈夫なものを。シェルターや担架づくりなど、何かと役立つ

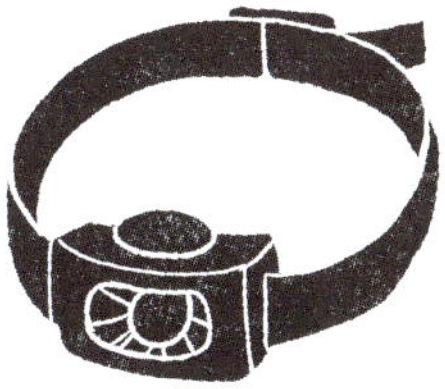

ヘッドライト

登山や釣り用のコンパクトなもの。予備の電池も持っていく

コンパスと地図

コンパスを使って地図を読む技術は、ぜひ身につけておきたい

ホイッスル

非常時に自分の存在を広く知らせる道具。首にかけておくといい

ペンとメモ帳

これからの行動を整理するのに役立つ。書き置きを残すこともできる

ゴーバッグの中身❷ シェルターになるもの

エマージェンシーシート

薄いが保温効果が高い非常用シート。小さく畳んである

テントやタープ

登山用のテントやタープは、軽量コンパクトで持ち運びに便利だ

品」「シグナリング」というように分類できる。持ち運べる量は多くないので、どれもできるだけコンパクトで、多用途に使えるアイテムを選ぶというのがコツだ。たとえば、布が一枚あれば、包帯やマスクとしても使うことができる。

さらに、化学兵器、生物兵器、核兵器が用いられたときのことを考え、皮膚の露出をできるだけ控えるため帽子やゴーグル、マスク、手袋といったものも入れておくといい。

サバイバル的状況で、人の命を奪う一番の要素は体温の低下である。よって、野外に放り出されたときに生きのびるためにまず考えるべきことは、自分の体温を保持すること。そのためにタープやテント、エマージェンシーシート、ダウンジャケットなどの「シェルターになるも

ゴーバッグの中身③ 水を得るためのもの

鍋

煮沸消毒のためにあるといい。もちろん料理をするのにも役立つ

携帯浄水器

水道を使えるとは限らない。これもアウトドア用のものが役に立つ

の」が必要になる。

寒さは地面の下からやってくるので、地面にキャンプ用のマットや毛布を敷くだけで寒さがかなり和らぐ。寝心地もよくなるので、ぜひ用意しておきたい。ホームセンターなどで販売されている、いわゆる銀マットでもかまわない。

体温を保持できる状況になったら、次に心配すべきは水分の問題である。人は水分がなくても72時間は生きられるとされているが、汗を多量にかけばそれだけ水分も失われてしまうので、水分は十分に用意しておくべきである。

水道や井戸が近くにあれば問題はないのだが、川の水などであれば煮沸するといった手段をとらなければならない。あるいはコンパクトで性能が高い携帯浄水器も販売されているので、そ

ゴーバッグの中身❹

非常食

プロテインバー

袋を開けるだけですぐに食べられ匂いも出ないので、戦場に最適だ

ビタミン剤

ビタミンB1やCはストレスによって消費されやすいので、サプリで補給

れをゴーバッグに入れておけば安心だ。

あるいは、登山用のガスバーナーを入れておけば、煮沸消毒も簡単にできる。ガス缶は少々かさばるが、すぐに着火できて炎も目立たないので、戦場でも使いやすいはずだ。

ナイフやロープなどの「サバイバルグッズ」は、アウトドアを得意とする人からしたら、非常に頼りになるものだろう。アウトドアの達人であれば、ナイフさえあればなんとかなるという場所もあるのではないだろうか。

しかし、一方で使い慣れていない人にとっては、ナイフもロープも無用の長物でしかなくなってしまう。シェルターをつくるのにも、火をおこすのにもナイフは便利なものなので、ぜひ平時のうちから使い方をマスターしておいてほ

ゴーバッグの中身⑤ 衛生用品

ファーストエイドキット

止血用品のほか、絆創膏、包帯、消毒薬。常用薬も忘れずに

マスク

放射性物質や化学物質で汚染された粉塵を吸い込まないように

しい。自宅から避難して屋外で暮らさなければならなくなったら、アウトドアのテクニックは必要なものとなる。

食料は、コンパクトで持ち運びやすく、栄養価の高いものがベスト。カロリーがあるプロテインバーやナッツ、ドライフルーツなどがいいだろう。ただし、水分がない状態で食物だけを摂るのは消化に体内の水分が使われるのでよろしくない。登山用のフリーズドライ食品は、軽量コンパクトで、お湯か水さえあればつくれ、味も上々なのでぜひおすすめしたいもの。おこわからカルボナーラ、カレーピラフまで、いろいろな種類があるのもうれしい。

そして、ビタミンの補給も大切だ。ストレスがかかる状況下では、とくにビタミンＢ１や

ゴーバッグの中身❻ その他

マットや毛布

寝袋の下に敷くと断然、暖かくなる。毛布は安心感も得られる

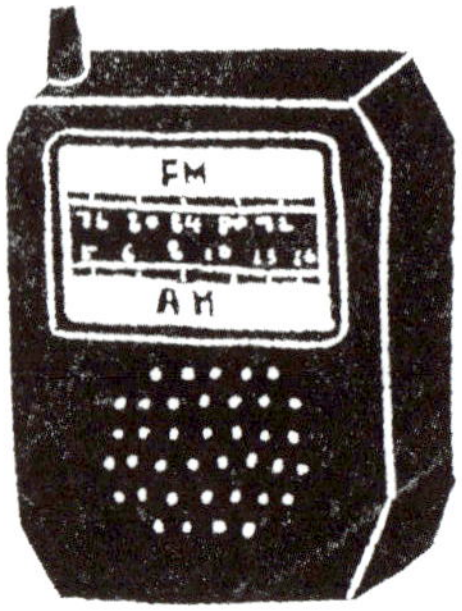

ラジオ

電気やネットがダウンしても使えるラジオは、大切な情報源になる

Cの消費量が多くなるので、サプリメントを多めに摂取しておいたほうがいい。

ほかに必要なのが、包帯や消毒薬などの衛生用品。ファーストエイドの基本は止血なので、止血パッドや止血帯、そして消毒薬や包帯が必要である。パラシュートコード（パラコ）というパラシュートに使われる丈夫な細いロープや三角巾を入れておくと、止血帯代わりに使うこともできる。さらに、放射性物質や化学物質を含む粉塵を吸い込まないよう、粉塵用のマスクも入れておくといいだろう。

また、情報収集のために、ラジオも携帯すること。テレビやインターネットが見られなくなった状態では、情報収集にラジオが大きな役割を果たすことになる。

ゲリラ攻撃とテロリズム

STAGE 2

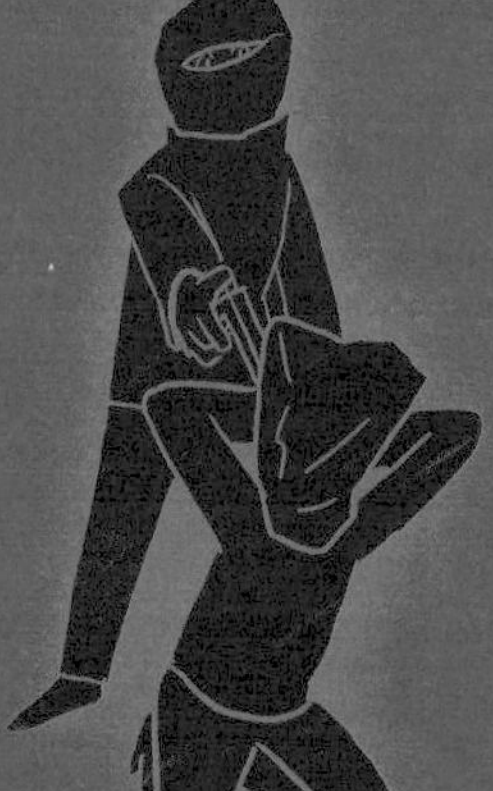

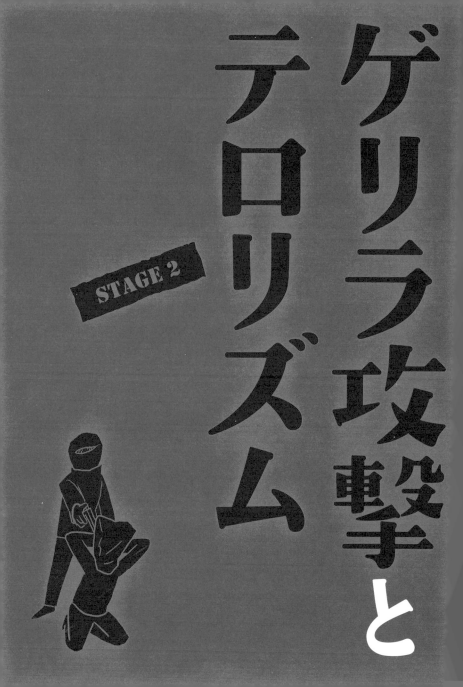

ゲリラ・テロ攻撃のおそれ

国内に混乱を生じさせる

敵国が明確に開戦を宣言し、攻撃を仕掛けてくる前に、ゲリラ攻撃やテロ攻撃を仕掛けてくるおそれは大きい。その目的は、国内に混乱を生じさせることだが、同時にその混乱に対し政府や軍がどう対応するのか観察するためである。

また、戦争行為を仕掛けてくる相手が、経済的に余裕があり、十分な軍備を持つ大国とは限らない。高価な弾道ミサイルや巡航ミサイルを持たない小さな国や、国とは呼べないようなテロ組織にとっては、ゲリラ攻撃やテロ攻撃が最も効率的な方法となる。

明白な敵対行為をして開戦を宣言する前に、ゲリラ攻撃やテロ攻撃を仕掛けてくる。こうした攻撃は、人員もコストも少なくてすむ

なぜなら、そうした規模が小さい攻撃であれば、人員も費用も少なくてすむからだ。極端な話、爆弾ひとつと起爆スイッチを押す人ひとりがいれば、成り立ってしまう。しかも、少人数の作戦行動で兵器も小さなものであれば、事前に気づかれるおそれも少ない。

さらに、水道水を生物兵器で汚染する、都市で化学兵器を散布するといった攻撃であれば、小さな攻撃で、より大きなダメージを与えることもできる。化学兵器や生物兵器は扱う側にもリスクが生じるが、実際にオウム真理教ができたのなら、誰もが可能だと考えねばならない。

攻撃対象が無差別なら、防御するのは極めて難しい。攻撃を受ける側にとっては、実に厄介なのが、このゲリラ・テロ攻撃なのである。

ゲリラ攻撃とテロ攻撃の標的

ゲリラ攻撃やテロの標的として考えられるのは、まずライフラインを直撃するような施設である。たとえば、発電所を破壊する、ダムを決壊させる、水道水を汚染する、それから原子力発電所に攻撃を加えることも当然、計画されるはずだ。また、本格的な攻撃の前に軍事施設をゲリラ攻撃するということも考えられる。

あるいは、世の中にインパクトと混乱を与える目的であれば、人が集まる場所ならどこでも対象になりうる。イベント会場、ショッピングモール、スポーツの試合会場、地下鉄の中、金融機関、学校など、どこだっていい。２０２０年には日本でオリンピックが開催されるが、その会場などは標的として申し分ない場所といえるだろう。

日本は安全で武器もないし、テロリストも入りにくいと思うかもしれないが、違法薬物や銃器がすでに大量に持ち込まれていることを考えると、それは幻想でしかない。闇に紛れ、海からテロリストが上陸することも難しくはない。そうしたテロ予備軍が一般人のフリをして計画を着々と進めているおそれもある。いや、もうすでに準備万全で、原発のすぐそばに暮らしながら攻撃のタイミングを待っているのかもしれないのだ。

イベント会場や都市部の人口密集地域

人が集まるところが狙われやすい。数千、数万の人が集まるイベントは、毎週どこかで開催されているが、そのすべてが攻撃対象となりうるのだ

軍事施設

いずれ侵攻しようと考えているなら、まずゲリラ攻撃で軍事施設を叩いておこうと考えるかもしれない。近くに住んでいたら、巻き添えを食うおそれがある

攻撃の種類

ゲリラ攻撃やテロ攻撃は、突発的に発生する。また、攻撃する方法は数多くあり、どういった兵器が使われるかは予測できない。爆弾を爆発させたり、銃器を乱射したりするといった単発的な攻撃であれば、被害を受ける範囲も限定的だろうが、組織的に何ヶ所かを攻撃する同時多発テロというおそれもある。さらに、攻撃の対象が原子力発電所の場合や、攻撃手段が化学兵器、生物兵器、放射性物質をばらまく爆弾だったりした場合は、被害がいっそう大きくなる。

放射性物質を放出する爆弾はダーティボムと呼ばれ、核反応による爆発で対象物を破壊する核爆弾と違い、放射性物質をばらまくことで放射能汚染を引き起こす。放射性物質を飛散させられればそれでいいので、核爆弾のような高度な技術や費用は必要なく、放射性物質さえ入手できれば通常の爆弾をつくる程度の技術でもって完成させることができる。まさにゲリラ攻撃やテロ攻撃にとって最適な爆弾なのである。

また、本格的な武器がなくても攻撃はできる。たとえば、車で人込みに突っ込むという単純な方法であっても、十分、その目的は果たせるのだ。いつ、どこで、どんな方法で攻撃が行われるのか、予測は難しいといわざるをえない。

爆発物

テロでは最も多く使われる兵器。構造は簡単だが威力は大きく、爆弾を仕込んだベストを使う自爆テロという方法もある。日本国内では高性能な爆薬を製造・入手するのは難しいが、海外から持ち込むことは可能だろう

銃器

これも日本国内にないと思うほうが間違いだろう。ハンドガン、アサルトライフル、マシンガンなど銃器の種類は、さまざま。街中でいきなり乱射したり、商業ビルを制圧したりするのに使うなど、使用法はいくらでもある

ケミカル兵器

マスタードガスやサリンなどの化学兵器のことで、人体に確実かつ効果的にダメージを与える。非人道的兵器として国際法で使用が禁止されているが、実際に日本でもオウム真理教によりサリン、VXガスが使われた

暴走車

誰もが使っている自動車だが、使い方次第で凶器にもなる。スピードを上げた自動車が人込みに突っ込めば、それだけで数人、数十人を殺害できる。これを予測することはほとんど不可能と言っていいだろう

ハッキング

われわれ民間人には関係ないことかもしれないが、国家や企業が管理するコンピュータに不正にアクセスし、情報を盗んだり破壊したりするハッキング。これも立派なテロ行為であり、大きな被害が懸念される

ラミング・アタックの恐怖

近年、テロリズムのなかでとくに恐れられているのが、ラミング・アタック・テロと呼ばれるものである。ラミングとは突入するといった意味で、自動車で暴走して人込みに突入。歩行者を次々に撥ねて殺傷し、車が衝突したりして動かなくなったら、今度は車を降りてナイフなどで無差別に大量殺人を重ねるというものだ。

このテロの恐ろしいところは、起こる場所も時期も予測がまったくできないということである。自動車はそれこそどこにでもあり、誰もが使うものである。また、ひとりの判断でできてしまうので、誰が、いつ、どこで起こすのかがわからないのだ。

ナイフで殺害するというと、それほど被害は大きくならないと思うかもしれないが、それは違う。確かに、素人の行為ならそうかもしれないが、もしナイフの扱いの訓練を十分に受けた兵士が同じことをしたとしたら、被害者の数は数倍かそれ以上になるだろう。

ナイフの訓練を受けた者が、もしあなたを殺害しようと近寄ってくるときには、ナイフをこちらに見せるようなことはしない。あなたはその兵士がナイフを持っていることにさえ気がつかないだろう。そして、すれ違った直後に喉を大きく切られ、何が起こったのかもわからないまま瞬く間に絶命する。よくメッタ刺しにするというが、それは刺す側が興奮したり恐怖を感じたりして無駄に刺しているだけのことである。訓練された兵士であれば、最小限のアクションで周囲の人に気づかれないように殺人を重ねることができる。そうすると、被害は爆弾によるものと同等か、それ以上のものになる。

さらに、ナイフではなく銃を持っていたらどうだろうか。銃にしても、素人が持つのと訓練された兵士が持つのとでは、結果は全く違ってくる。乱射事件で死者が数人だったという話があるが、それは銃の扱いを知らない者の犯行だったということでしかない。冷静で技術もある兵士であれば、手前からではなく、逃げるものを先に撃つ。被害はさらに大きくなるはずだ。

予測の難しいラミング・アタック

車で人が集まる場所に突入し、人を轢き殺したあと、ナイフなどで無差別殺人を重ねる。個人的な動機であれば、予測して阻止するのはほぼ不可能なテロだ

ゲリラ・テロ攻撃に遭遇しないために

人が集まる場所に行かない

ゲリラ攻撃やテロ攻撃を事前に予測するのは、個人レベルでは不可能なことと言っていいだろう。では、どのようにして被害に遭うのを防げばいいのだろうか。

最善の対策としては、攻撃のターゲットとなるような場所に行かないという方法しかない。ゲリラ攻撃やテロ攻撃の対象となるのは、人が集まる場所や軍事施設、ライフラインを司る施設など。そうした要所に対する攻撃に巻き込まれないためには、その場所に近づかない、その場所の近くで暮らさないというのが一番である。

今現在、都市部に勤めたり暮らしたりしているならば、その方法は非現実的に思えてしまうかもしれない。たしかに、この先、本当にあるかどうかわからない脅威のために今すぐ引越しをしたり、職場を変えたり、子供を転校させたりする必要があるのだろうかと思うのは仕方がない。しかし、今後世界中でゲリラ攻撃やテロ攻撃が起こるおそれは大きくなっていくに違いない。それならば、今すぐでなくても日頃から戦争の匂いに敏感になり、脅威が増してきたと判断したとき、即座に避難ができる準備はしておきたい。たとえば攻撃対象にならないような地方に避難場所を持っておけば、すぐに避難しやすいはず。最低限、どこにどうやって逃げるかというシミュレーションはしておくべきだ。

都会に暮らすとするならば、危険性が高い場所には出かけないようにすることだ。危機管理の意識が高い人で、人込みが好きな者はいない。人気ミュージシャンによるコンサートやスポーツ観戦の場は、格好の標的となることを忘れてはいけない。もしそうした場所に行ったときには、爆発があったときの脱出経路や、武装勢力が押し入ってきたときの避難経路をイメージしておくこと。常に最悪の状況を想定し、準備を怠らないということを徹底するしかない。

攻撃は人が多い場所で起こる

人口が集中する都市は、どこでも攻撃対象になりうる。最善の対処法としては、人が集まる場所に行かないようにするということしかない

日頃からベースラインを意識する

テロなど日常に忍び寄る危機をいち早く察知するためにぜひ意識していただきたいのが、ベースラインというものだ。

ベースラインとは、平時の暮らしの基準となる状態のことである。わかりやすい例を挙げれば、通勤や通学のときにいつも掃除をしているおじさんだったり、いつも聞こえるご近所のテレビの音だったり、通り過ぎる飲食店の匂いだったりといったことである。人の暮らしはもちろん毎日変化しているが、それでも、いつもあるものや人、いつも起こること、いつもある音や匂いというのは必ずあるものだ。そういうベースラインを観察し記憶しておくことが、異常を発見するのに役立つのである。

ベースラインを自分でつくるということもある。たとえば、机の上のものは置く場所をきっちりと決めておく、飲食店で食事中に席を離れるときにはスプーンやフォーク、グラスの置き方をいつも同じにする、財布の中のお札の向きは揃え、カード類を収める順番もいつも同じにするというように、自分でルールを決めるのである。すると、もし誰かが何かに触れたりしたとしたら、すぐ気づくことができる。

ベースラインとは

日常の暮らしの基準となるのがベースライン。いつもある光景、いつもある音や匂いのことで、これを常に意識しておくことで、異変に気づきやすくなる

ベースラインを乱す波紋を見逃さない

もしベースラインを乱すものに気づいたら、つまり、いつもあるべきものがなかったり、反対にいつもはないものがあったりしたら、何かしらの異常が起きていると疑うことができる。だが、ベースラインを乱す波紋は、わかりやすいものばかりとは限らない。

子供が使う通学路に、いつもはいない黒塗りの車が止まっていたら、誰もが怪しいと思うはずだ。しかし、それが宅配便のトラックだったらどうだろう？　あなたはそれを怪しいと思うだろうか。この車にゲリラ攻撃やテロ行為を企む者が乗っているとしよう。宅配便のトラックを使っているのはもちろん偽装のため。彼らが見るからに怪しい車を使うはずがないのだ。しかし、ベースラインが意識できていなければ、この危険に気づくことができない。反対に、一見普通の車でも、ベースラインから外れた時間と場所にあるのであれば、危険の疑いがあると判断できるのである。

ベースラインを乱す波紋を見逃さない。それが危機回避の第一歩である。こうした感覚を磨くためには、日頃からベースラインを意識すると同時に、リスクとその前兆となる波紋はどのようなものなのか、ということを整理しておく必要がある。

見慣れない、または不自然な車

いつもはそこにいない車や、ある程度の人数が乗れるようなトラックは危険のサインかもしれない。ナンバーの地域、運転手の国籍なども判断材料のひとつとなる

いつもより閑散としている

外国で、人が多いはずのショッピングモールに人がいない。それもベースラインを乱す波紋だ。地元の人がテロの情報を得たからなのかもしれない

ゲリラ・テロ攻撃に遭遇してしまったら

「RUN」「HIDE」「FIGHT」という基本原則

アメリカには、銃撃やテロ行為に遭遇したときの基本的な行動指標がある。「ＲＵＮ」「ＨＩＤＥ」「ＦＩＧＨＴ」というのがそれだ。

運悪くテロ行為やゲリラ攻撃に遭遇してしまったら、最初に考えるべきは「ＲＵＮ」、つまり逃げることだ。銃声や爆発音が聞こえたら、それより遠いほうへ逃げる。自分のいる建物に武装集団が入ってきたら、即座に出口に向かう。

このときは、何が起きているかを観察する必要はない。逃げることだけに集中し、即座に行

「RUN」

脅威から早く離れる

まず考えるのは、逃げること。何が起きているかを観察したりせず、遠くへ離れる

動を起こさなければならない。あなたがよほどの重要人物でない限り、その攻撃はあなた個人を狙ったものではないだろう。距離さえ取れば、追ってくる危険性は低い。

逃げられないと判断したら、次の選択は「ＨＩＤＥ」、すなわち隠れることだ。部屋の電気は消して鍵を閉め、銃を持つ者の視界に入らないよう机の下などに隠れる。できればコンクリートに囲まれているような場所がいい。家具や室内の壁は、銃弾を防ぐことができないからだ。物音は立てないように。携帯電話のバイブレーション機能も切らなければならない。

素早い行動のために大切なのは、脱出経路や隠れる場所をあらかじめ決めておくこと。準備ができているかどうかが、生死を分ける。

「HIDE」

武装している人間の視界に入らない

逃げることができなければ、武装者の視界に入らないように隠れる。部屋の鍵を閉めて電気を消し、物音を立てないように。安全が確保できたら警察に通報する

最後は戦うしかない

逃げられない、隠れられないとなったらどうするか。相手が人質を取ろうとしているのなら別だが、明らかに殺意を持って行動しているのなら、生き残るために戦うしかない。

身の回りには武器になるものも多い。自宅であれば、包丁やナイフがあればそれが手っ取り早いだろう。狙うのは急所である首だ。手や脚、胴体にも急所はあるが、衣服の上からだと体の中まで刃が届かないことがある。また、胴体に刺したとしても、刃が折れたり、勢い余って自分の手を切ってしまったりすることも多い。露出している首を狙うのが最も効果的である。

オフィスや学校であれば、文房具も武器になる。ハサミやコンパス、カッターナイフ、ペンや鉛筆でも攻撃することができる。あるいは、ノートパソコンやイスもいいだろう。さらに言えば、コップやクレジットカードやスマートフォンでだって攻撃できる。刃物でなければ、狙うのは目だ。何を使うかも大事だが、どう使うかを日頃から考え、訓練しておかなくてはならない。必要になるのは、命を賭して相手と戦うという覚悟だ。もし武器を持つのなら、どんな卑怯な手を使ってでも勝たなくてはならない。そして、反撃を防ぐために、相手の意識がなくなるまで攻撃の手を緩めてはならない。

「FIGHT」

武器や防具になりうる身の回りのもの

ホウキや傘などの棒状のものは、生活用品だけれど立派な武器になる。もしレストランにいた場合は、フォークやナイフ、グラス、メニュー立てなども攻撃に使える

バッグを使いナイフの脅威から身を守る

ナイフは大変便利な道具だが、持つ人によっては恐ろしい凶器となる。入手しやすく携帯しやすいので、戦時下でなくとも使われる危険性が高い武器のひとつだ。

ナイフで襲われる人を見たとき、あるいは襲われたときに、まずすべきことは、声を上げることだ。ナイフは攻撃時に音がしない。しかも、エキスパートであれば、人の急所をスッと刺して次のターゲットに向かうため、周囲の人が危険に気づきにくい。そこで、ナイフの存在に気づいたらすぐ「ナイフ！　ナイフ！　ナイフ！」とできるだけ大きな声で、周囲に脅威の存在を知らせなくてはならない。

もし自分に襲いかかってきたら身近なもので即座に対応しなければならないが、街中であればそれはバッグであろう。攻撃は、まっすぐ突く、横から振る、上から叩きつける、逆手にナイフを持って刺すという方法がほとんどなので、バックパックやビジネスバッグを自分とナイフの間に構えて攻撃から身を守る。バッグの中は、ノートパソコンや厚い本などナイフを通しにくいものを外側にしておいたほうがいい。バッグに入れるものや入れ方も、日頃からこうした事態を想定して考えておくべきである。それが日常になれば、面倒とも思わないはずだ。

大声で叫んで（サウンド・オフ）、人が来るまでの時間を稼ぐ

ナイフによる襲撃は、音が発生しないので周囲に気づかれにくく、被害が広がりやすい。そこで、大きな声で脅威の存在を知らせる必要がある

よい例

○

バッグは自分から少し離した位置で構える

バッグが自分の体から近すぎても遠すぎてもよくない。バッグが常に相手との間にあるようにし、場合によっては強く相手を押し離すようにする

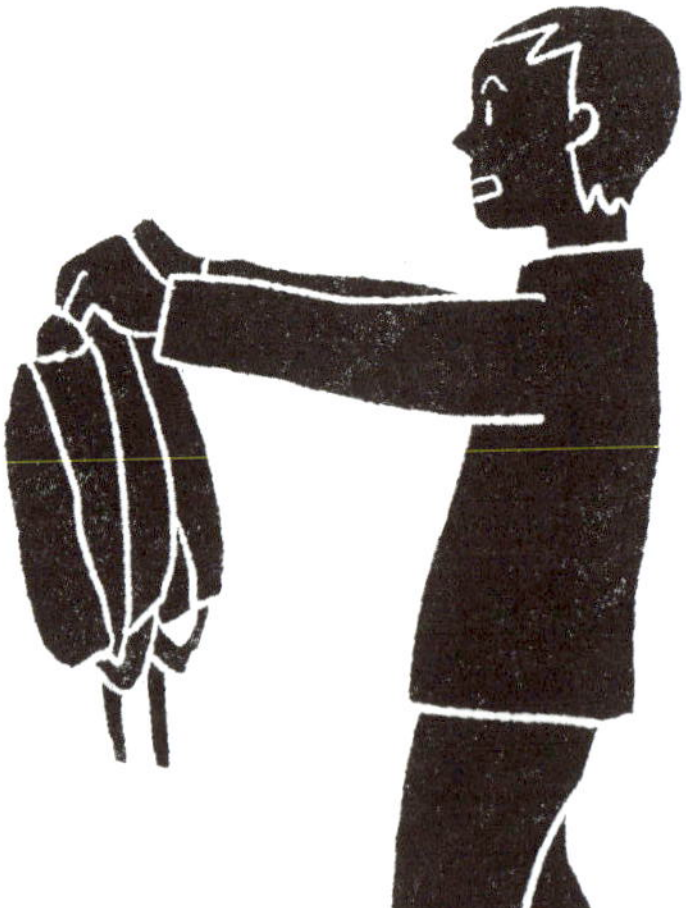

悪い例

×

バッグを前に出しすぎると腕を切られる

恐怖で腰が引け、手をまっすぐ伸ばしてしまいがち。しかし、この状態だと相手が横からナイフを振ってきたときに前腕部を切られてしまう

よい例

○

ショルダーバッグの場合

ショルダーベルトの場合は、肩から下ろしたらベルトの上下の端を内側に丸め込むように持つ。ベルトを腕に絡めてしっかり固定するとよい

バックパックの場合

バックパックを下ろしたら、ショルダーベルトや手持ち用のベルト部分の上を内側に丸め込むように持って露出部分を少なくする

悪い例

×

手が相手に見えると切られる

バッグの横や前を握ると、握った手が相手に見えてしまい、そこが攻撃される。バッグを遮蔽物とし、手と体をしっかりカバーする

もしも銃を突きつけられたら

　こちらが何の武器も持っていない状態で、もし銃を持った人間が近づいてきたらどうすればいいだろうか。相手が確実に自分に狙いをつけ、もう逃げることも隠れることもできないという状況であれば、何もしない、というのが一番である。

　相手が銃を持って近づいてきているのなら、そこに何か目的があるはずである。もし殺害したいのであれば、とっくに撃ってきているのだ。相手が軍服を着たりしていて見るからに軍人の姿であるなら、話を聞きたいだけかもしれないし、そうでないとしたら単なる物盗りかもしれない。あるいは誘拐という場合もある。いずれにせよ、ここで抵抗をしたり逃げたりしたら、撃たれる危険性が高い。無抵抗でいることを相手に知らせ、何もしないのが最も死ぬ確率が低いのである。誘拐であっても、ここで撃たれて死ぬよりはまだましだ。

　もし相手が物盗りであれば幸運だ。相手はただ金銭が欲しいだけで、早くここから立ち去りたいと思っているはずである。反抗的な態度をとって相手の神経を逆撫でしないようにし、要求に従えばいいだろう。こうした状況で無抵抗でいることは勇気と覚悟がいるものだが、生きのびることを最優先に考えるなら、それが一番である。

無抵抗でいることが生存率を高める

拳銃によるカージャックや強盗などの犯罪で発砲されるのは、ほとんどが抵抗した場合のこと。生存率を高める一番の方法は、無抵抗を貫くことである

銃で脅されたら速い動きは禁物

どんな動きをするか相手に知らせる

財布や身分証をポケットから取り出したりする場合には、必ず言葉や動作で、そうする意思表示をしてから、ゆっくりとした動作で行う

銃を突きつけられているときにしてはならないことは、相手を刺激して怒らせたり、興奮させたりすることである。

銃を突きつけている相手も緊張しているし、警戒もしている。もし、撃つ気がないとしても、わずかな刺激や怒りで引き金を引いてしまうかもしれないのだ。

まずは、こちらが抵抗しない気でいることと、そして武器を持っていないことをアピールしなければならない。そのためには、手を上げて抵抗しないという意思表示をしたら、上着の前を開いて中を見せる。ただし、動きはゆっくりと。急な動きは相手の神経を刺激する。相手が訓練

相手にすべてをさらけ出して無抵抗をアピール

金銭などを要求されたら、抵抗せず渡すようにする。相手の目を睨みつけたり、反抗的な態度をとったりするのはよろしくない

された兵士であればまだいいが、銃の取り扱いに慣れていない犯罪者であれば、誤って引き金を引いてしまうおそれも大いにある。

それから、自分がこれから何をするのかを、相手に知らせることも大切だ。コートの前を開くなら、指先でコートを指し示し、親指と人差し指でつまむようにしてコートを持ち上げて開く。いきなり内ポケットに手を入れて財布を取り出そうとすると間違いなく撃たれる。車に乗っていて外から銃で狙われたときも、窓を開けようと手をスイッチに伸ばしたり、ダッシュボードから財布を取り出そうとしたりしたときに撃たれることが多い。そういう場合も、まず指先でスイッチやダッシュボードを指差し、それからゆっくりと動くようにする。

COLUMN 1

テロのケース別対処

近年、テロは場所を問わず数多く発生している。日常のなかで考えられる武力的な脅威のうちでは、最も遭遇する危険が高いのではないだろうか。日本は安全と言われてはいるが、日本でもいくつもの凶悪なテロが発生していることを考えると、それは幻想でしかない。また、テロのパターンが多様化してきており、発生を未然に防いだりその予兆を発見したりすることが難しくなっているというのも、厄介な要素だ。

これまで述べたように、テロやゲリラ攻撃から身を守る最善の方法は、テロの脅威から離れることである。テロが起きそうな場所に出かけない、テロの標的となるような施設の近くに住まないことで、テロに遭遇する危険性を大幅に下げることができる。

ここでは、過去に世界で起きた5つのテロを例に、攻撃の状況や方法、犯人の傾向、防御策を探ってみることにしよう。はたして、この不運に遭遇しない方法はあったのか、もし、自分がその場にいたらどう行動していたか、どう行動すべきだったのかを考えることで、起こるかもしれないテロに対抗しなくてはならない。

テロリストの形態

テロリストの形態は昔と今とでは大きく変わってきている。以前はテロリストというと、どこかしら反社会的な組織に属した人間で、キャンプなどで軍事的な訓練を受けて大規模なテロを起こすというのがよくあるパターンだった。しかし、最近のテロリストは個人であったり、小規模なグループであったりすることも多い。自分の国でいつもは皆と同じ生活をしていながら、テロを計画し実行するのだ。また、攻撃対象が政治的、軍事的な要所ではなく、一般市民となるケースも増えている。これは、そのほうが事前に悟られにくく、計画を成功させやすいからだ。

ホームグロウン型（自国育ち）

国内で生まれ育った者が、国外の組織の思想に共鳴し、テロを起こすケース。欧米で育った者が、イスラム過激派の思想に影響されることが多い

ローンウルフ型（一匹狼）

すなわち一匹狼のこと。組織に属さない個人や小さなグループで、社会や特定の勢力に対して個人的な不満やうらみをもつものがテロ行為に及ぶ

帰国テロ型

ISISなどプロパガンダを重視するテロ組織に感化され、自国から離れて組織に参加。訓練に参加したあとに帰国してテロ行為を起こす

感化型

インターネットなどによる過激派組織の主義主張に共感し、自身で自国内のテロ行為を行う。組織的ではないので、事前に把握することは極めて困難だ

CASE 1

バルセロナ・テロ事件

DATA

攻撃手段	ラミング・アタック
発生日	2017年8月17日
発生時間	16時50分頃（現地時）
発生場所	スペイン・バルセロナ
死亡者	13名
負傷者	100名以上

概要

バルセロナのメインストリートに乗用車が突入。歩いていた観光客らをなぎ倒しながら、約500mもの距離を暴走した。過激派組織ISISがメディアのアマク通信を通じ犯行声明を発表。シリアなどでISIS掃討作戦を進めるスペインを含む有志連合への報復だと主張した。

対策

予測が困難であることから、テロのターゲットになりうる繁華街、大型のイベント、ショッピングモール、人通りの多いところなどを避ける、または滞在時間を最小限にするということが唯一の対策となる。また、同日に少し離れた場所でも歩道に車が突入し警察と銃撃戦になるという事件もあった。テロは多発的に行われるおそれもあるので、事件発生を知ったなら、いつも以上に危険な場所を避けるという対策も必要だ。また、こうした事件に巻き込まれた際には、車両の進行方向に対し垂直方向に逃げるという方法がある。本能的に人間は脅威に背を向けて逃げようとするが、時速70～80kmで走行する車両の進行方向に逃げても必ず追いつかれる。車両が向かってきたら、横方向に逃げるという心構えをもっていることが重要だ。

CASE 2

サンクトペテルブルク地下鉄爆破テロ事件

DATA

攻撃手段 ● 爆弾による自爆攻撃

発生日 ● 2017年4月3日

発生時間 ● 14時40分頃(現地時)

発生場所 ● ロシア・サンクトペテルブルク

死亡者 ● 15名

負傷者 ● 64名

概要

サンクトペテルブルクの地下鉄内で起きた自爆テロ。センナヤ広場駅と工科大学駅の間のトンネルを通過中の列車内で、釘爆弾による爆発が起きた。犯行は、チェチェン分離主義者によるもの、あるいはロシアのシリア紛争への軍事介入に対するISISの報復攻撃である可能性もある。

対策

ロシアのシリアへの軍事介入、また、同日にプーチン大統領が生まれ故郷であるサンクトペテルブルクを訪れていたことなど、政治的な情勢はあるものの、この日ここでテロが起こることを予測することは極めて困難であった。こうした事件に巻き込まれた場合は、爆発を感じた瞬間に身を伏せるといった、爆発物対応の原則に則った行動をしなければならない。そのためには、日頃からこうした対応の訓練をしておくこと。身を伏せる、頭部を守るなど、少しでもダメージを軽減させる手段を講ずることに徹する。また、ふだんから利用している施設や乗り物であれば、遮蔽物はどこにあるか、そこから逃げるルートはあるかなど、さまざまな状況を想定して危険回避のシミュレーションをしておかなければならない。

CASE 3

ラスベガス・ストリップ銃乱射事件

DATA

攻撃手段 ● 銃による無差別攻撃

発生日 ● 2017年10月1日

発生時間 ● 22時8分頃(現地時)

発生場所 ● アメリカ・ラスベガス

死亡者 ● 58名

負傷者 ● 546名

概要

観光客が集まるラスベガスで、アメリカ国民である容疑者が、マンダレイ・ベイ・ホテルの32階から大通りのラスベガス・ストリップ沿いで開催されていた音楽祭会場に向けて銃を数千発も乱射。10分ほどの銃撃のあと、犯人は室内で自殺したが、部屋には23丁の銃が残されていた。

対策

銃撃された場合の基本的な対処策は伏せることだが、この場合はホテルの32階からの撃ち下ろしであったため、伏せると被弾面が大きくなってしまう。そのため、その場に伏せるよりも、銃撃を加えてくる者からまず距離をとることを最優先に考えなければならなかった。しかし、夜間でもあり、どこから銃撃されているかを特定するのは難しかった。ホテルの部屋には、犯人が部屋の高さと会場までの距離を考え、最も多くの人間を殺害できるよう計算を行ったメモが残されていたといい、これにより死者58人(犯人除く)、重軽傷者546人という、アメリカでの単独犯による乱射事件では史上最悪の結果が生まれた。そう考えると、まず遮蔽物を探して身を隠し、そのあと隙をみて移動するという判断も必要だったと考えられる。

CASE 4

ダッカ・レストラン襲撃人質テロ事件

DATA

攻撃手段 ● 銃乱射・爆弾・刃物による攻撃

発生日 ● 2016 年 7 月 1 日

発生時間 ● 21 時20 分頃（現地時）

発生場所 ● バングラデシュ・ダッカ

死亡者 ● 28 名

負傷者 ● 50 名

概要

バングラデシュの首都、ダッカで外国人が多く住むグルシャン地区のレストランを、銃と爆弾で武装したバングラデシュ人 7 人が襲撃。無差別に銃撃を行い、爆弾を数発爆発させた。そのあと、外国人やレストランスタッフなどを人質に取ったが、部隊が突入し現場を制圧した。

対策

犯人グループは「アラーは偉大なり」と叫びながら襲撃をした。また、人質をイスラム教徒と非イスラム教徒に分け、イスラム教徒にのみ水を与えるなど対応を変えたという。つまり、非イスラム教徒を殺傷する意思が明確であり、もし事件に巻き込まれたら生き残ることは困難だったと考えられる。当時はラマダン（断食月）明け直前で、また、イスラムの礼拝日である金曜日でもあり、テロ行為が発生する危険性が高まっているタイミングではあった。それを考慮し、外出や外食は極力控えるという対策が必要だったとも考えられる。襲撃後に屋上から逃げた人やトイレに隠れて助かった人もいるので、もし現場にいたとすれば、やはり少しでも早く遠ざかる、それが無理なら隠れるというのが効果的な対処法であったといえるだろう。

CASE 5
秋葉原通り魔事件

DATA

攻撃手段 ● ラミング･アタック

発生日 ● 2008年6月8日

発生時間 ● 12時30分頃

発生場所 ● 日本･東京都秋葉原

死亡者 ● 7名

負傷者 ● 10名

概要

千代田区外神田の大通り交差点で、2tトラックを運転する犯人が、赤信号を無視して突入。横断中の歩行者5人を撥ね飛ばした。そのあと犯人は車を降り、道路に倒れる被害者の救護に駆けつけた通行人ら17人を、ダガーナイフで立て続けに殺傷。10分ほどで7人を殺害した。

対策

個人の引き起こした事件であり、携帯サイトの掲示板に犯行予告の投稿を行ったとはいうが、一般の人がこれを知ることは難しく、事前の予測は不可能だったと言っていい。犯行は、自動車で人込みに突っ込むという、まさにラミング・アタックの典型で、この被害に遭わないためには、交差点で道路のそばに立たない、道路側を歩かないといった対策が考えられる。また、歩行者天国などはターゲットになりうることを認識しておかなくてはならない。もし前方から車両が向かってきたら、左右どちらかに逃げることが重要。振り返ってまっすぐ逃げると、犯人の目に留まりやすく格好の攻撃目標となるし、車両に追いつかれるのは必至だ。刃物による殺傷事件が発生したら、すぐさま大声で周囲に知らせ、被害の拡大を防ぐ。

開戦

STAGE 3

弾道ミサイルが飛んできた

弾道ミサイルとは？

本格的な戦争となったら、まず何が起きるか。現実的に確率が高いのは、弾道ミサイルによる攻撃である。弾道ミサイルとは、大気圏外にまで上がるような弾道を描くことにより長距離を攻撃できるようにしたミサイルのことで、射程距離は長いものだと1万kmにも及ぶ。たとえば東京からモスクワまでは約7500km、北京までは約2000km、パリまで9700kmほどだから、射程1万kmであれば、ほとんどの大陸から大陸への攻撃が可能である。

また、地上からだけでなく、潜水艦からも発

弾道ミサイルを撃つとき、敵国が予告してくることはないだろう。気がついたときには、すぐそばの空の上まで飛んできているはずだ

射できるので、事実上、地球上のどこにいても弾道ミサイルによる攻撃は避けられないということになる。

攻撃する側にとって弾道ミサイルを使うメリットとしては、自軍の損害がないということがまず挙げられる。いきなり大量の兵士を敵地に上陸させるよりも、見えないところから弾道ミサイルを飛ばして相手国に打撃を与えるほうが、はるかに危険が少ない。だから、まずは弾道ミサイルで叩けるだけ叩くというのが定石である。

そして、射程が長いというだけでなく、核兵器や化学兵器、生物兵器といった大量破壊兵器を搭載することができるというのも弾道ミサイルの恐ろしいところだ。

弾道ミサイルは、航続距離が長いだけに、ど

こかの軍事施設とか、政治家の邸宅といったピンポイントを狙えるほど命中精度は高くない。しかも、一基が数十億円といわれるほど高価なため、通常の爆薬を載せて狭いエリアを攻撃するだけに使うのでは費用対効果が低すぎるのだ。もし、弾道ミサイルが飛んでくるとしたら、その価格に見合うだけの被害を与えられる弾頭、つまり核爆弾などの大量破壊兵器が搭載されていると考えるべきであろう。

とはいえ、優れた技術力と膨大なお金が必要になる武器だけに、所有している国はそう多くない。現在の核保有国は、疑惑を含め世界でも10ヶ国程度。また、実際に弾道ミサイルを使用したら報復される危険性も高いので、攻撃するための兵器というより、戦略的、つまり威嚇のためという意味合いのほうが強いといっていいだろう。

一方、同じミサイルで混同されやすいのが、巡航ミサイルである。このミサイルは弾道を描くのではなく、飛行機と同じジェットエンジンによって平行飛行する。射程距離は数百から1000㎞といわれており、核弾頭を搭載することも可能だが、極めて高度な照準システムを備えているため、通常爆薬を使ったピンポイント攻撃に用いられることが多い。保有国の数もミサイルの絶対数も核と比べて圧倒的に多い。実際の戦争で使われるミサイルといえば、こちらのほうが多いのではないだろうか。

COLUMN 2

日本の弾道ミサイル迎撃システム

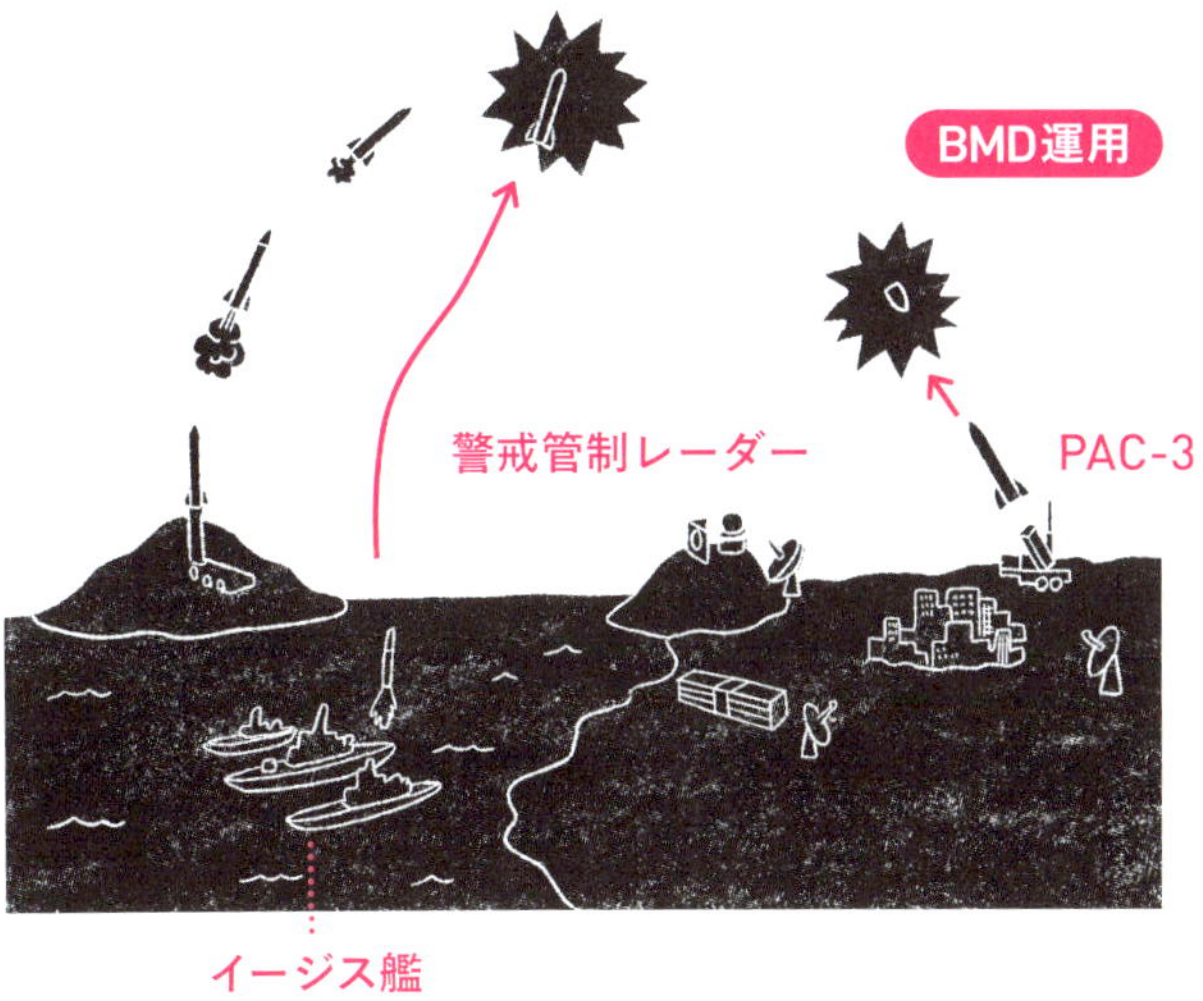

わが日本でも北朝鮮の弾道ミサイルの脅威が懸念されているが、それに対抗するシステムとして、弾道ミサイル防衛（BMD）システムというものがある。基本的な考え方は、飛んできたミサイルを迎撃ミサイルで破壊するというもので、大気圏外の高高度を飛行している間はイージス艦が迎撃ミサイルで、また、大気圏内に突入してしまった場合は地上の迎撃ミサイル（PAC-3）で撃ち落とすということになっている。さらに、イージス艦のように高度な情報収集能力と射撃能力をもつイージス・アショアというシステムを地上にも配備予定だ。

ターゲットになりやすい場所は？

人が集まる都心部や軍事施設

ミサイルの標的となりやすいのは、敵国にとって脅威となりうる軍事施設や、ガス、電力などのインフラ施設、そして、多くの人が集まる都市部だ

弾道ミサイルにせよ巡航ミサイルにせよ、高価なミサイルを使うのだからターゲットはあいまいであるはずがない。必ず、どこかの施設、どこかのエリアという明確な目標がある。

まず狙われるのは軍事施設。軍の司令部、飛行場、ミサイルがあるところといった重要な軍事拠点がターゲットとなる。われわれ民間人が直接狙われるわけではないが、そうした施設の近くに住んでいれば、巻き添えを食うおそれは大いにある。

多くの人が集まる都市部も危ない。現実的なのは、半径1kmぐらいのエリアを潰すぐらいのミサイル攻撃だろう。一発ではなく数発。逃げたとしても逃げる先を予想して狙ってくるかもしれない。こうしたミサイル攻撃をわれわれが予測したり発射を防いだりすることは不可能であり、警報を聞いたら即座に避難し防御姿勢をとることくらいしかできない。

大都市を大量破壊兵器で攻撃するかどうかは、敵国の意図によって変わる。もし、占領してその国の施設などをそのまま利用し統治したいのであれば、そのような真似はせずに小型の核爆弾を使うだろう。広島や長崎クラスの原爆を落としたら、その後処理は大変なものになってしまうからだ。しかし、敵国がわれわれに憎しみをもって殲滅したいと考えているなら容赦はしないはず。主要都市には各国の大使館があったりするので無差別な攻撃はしないという見方もあるが、そんなことは気にせず大きな核爆弾投下ということも考えられる。

いてはいけない危険な場所

ミサイルが落ちてくる危険を知ったとき、いてはいけない場所とはどんなところだろう。最悪なのは、大都会のビルの谷間、しかもガラス張りのビルが並んでいるような場所には絶対にいてはいけない。

ビルの上層階も爆風を直接浴びるので危険な場所だ。警報を聞いたら、下りられるところまで下りて避難する。エレベーターは途中で止まるおそれがあるので、階段を使うこと。

自宅であれば、倒壊することを考えると1階にはいたくない。とくに住宅が密集しているようなエリアでは建物が倒壊して下敷きになってしまう危険性が高いので、2階に上がる。

高層ビルの谷間は危険！

高層ビルの谷間にいてビルが倒壊したら逃げようがない。爆風でガラスが割れて降ってくるので危険だ。警報が鳴ったら即、その場を離れる

緊急警報が鳴った。そのときあなたは?

例えば、日本では、ミサイルが飛んできたときには緊急警報が鳴ることになっている。しかし、隣接する近い国から発射されれば、国内に到達するまでわずか10分ほどしかない。さらに、発射してから警報が鳴るまでには数分かかるので、実際に行動できる時間はせいぜい5分と思っておこう。

その間にできることといえば、少しでも安全なところに避難することくらいしかない。まず、近くにコンクリートの頑丈な建物があれば、そこに避難する。破片の飛散や放射線を少しでも防ぐことができる遮蔽物が必要になる。そして、避難したらできるだけ低い姿勢をとる。

屋外にいたら

▶ なるべく頑丈な建物の中か、地下に避難

屋内にいたら

▶ 窓から離れ、低い姿勢をとる

建物がない場所なら

▶ 物陰に入り、身を低くするかうつぶせに

もしビルの谷間から逃げ遅れたら、カバンを右の図のようにして頭上からの落下物から身を守る

COLUMN 3 Jアラートとは？

全国瞬時警報システム（Jアラート）

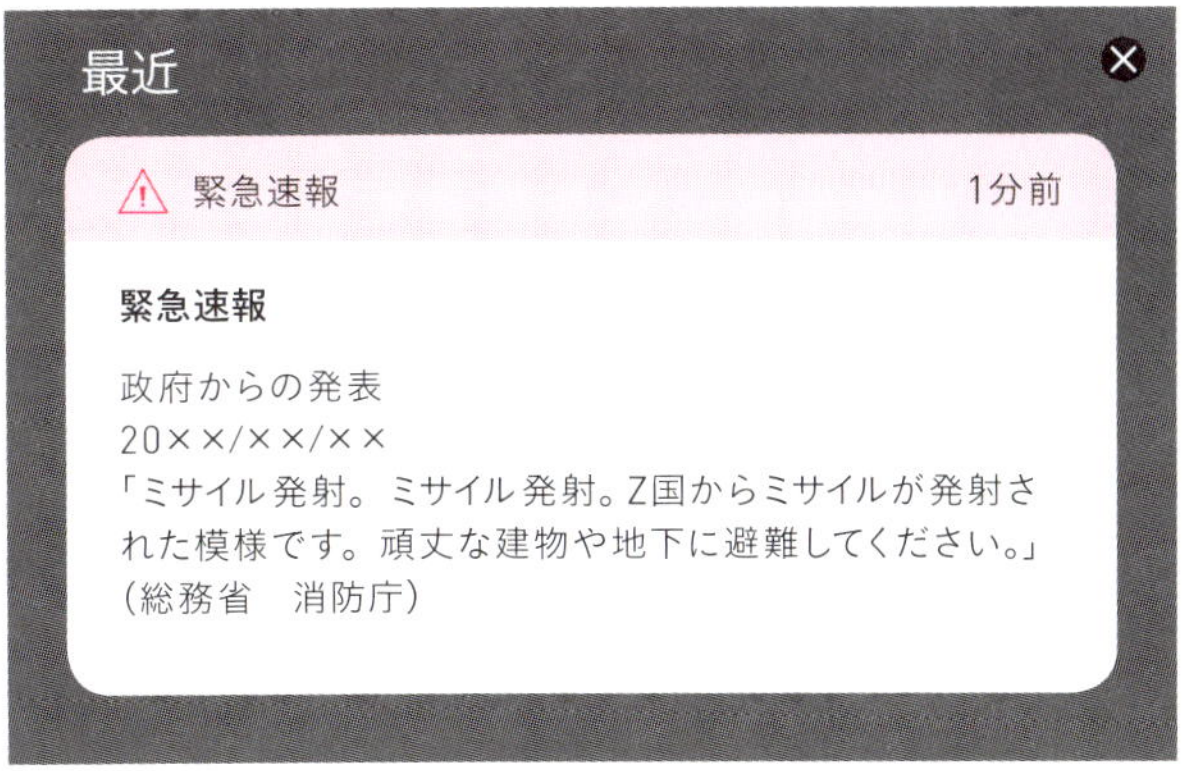

米国の早期警戒衛星や陸上レーダー、日本のイージス艦などが日本に向けたミサイル発射を感知したら、危険のあるエリアに即座に警報が発せられる。これが全国瞬時警報システム、別名Jアラートである。

Jアラートは、ミサイルだけでなく地震や津波、気象災害など、緊急を要する事態に関する情報を緊急速報メールや市町村の屋外スピーカー、テレビなどで配信する。町中で鳴らされるミサイル警報は機械的なサイレンの音で、2017年に北朝鮮の弾道ミサイルが日本上空を通過したときに実際に発せられたことがある。

身を守れる場所を探す

ミサイルがくるとわかったら、まずは近くの建物に入ること。爆発と自分の間に遮蔽物をつくることが大切である。遮蔽物は、できるだけ重く、できるだけ量が多いほうがいい。だから、避難する建物はコンクリート製の頑丈なものが望ましい。しかし、なければどんな建物だってかまわない。とにかく、自分と爆発の間に何か物質を確保する。また、窓ガラスの飛散が怖いので、必ず窓から離れなくてはならない。地下街や地下鉄に避難するのもいい。もし核爆弾だとしたら、地下は放射性の降下物から身を守るのにも適している。

もし逃げ込む建物がなければ、壁でも公園のベンチでも橋の下でもいいので、とにかく身を隠せる場所を探すこと。また、室内にいても、ガラス窓からはなるべく遠い位置、できれば窓のない部屋に入ったほうがいい。最悪、建物も遮蔽物も何も周囲にない場合は、とにかく低い姿勢をとる。つまり伏せるしかない。正直にいえば、もしミサイルの落下地点付近にいたら助かる可能性は低い。核攻撃の場合は、その後の放射性降下物のことを考えると、さらに生きのびるのは難しいだろう。しかし、たとえわずかでも被害を軽くするためにできることがあるのなら、迷わずやるべきだ。生きのびるという意思こそが大切なのである。

都市部の場合

地下鉄・地下街・ビルの中へ

まずは地下鉄や地下街への入り口がないかを探す。階段を下るときには、パニック状態の人がなだれ込み、将棋倒しになるおそれもあるので注意すること。もし核攻撃であれば、12時間～1日は中で待機しなくてはならない

運転中や電車の場合

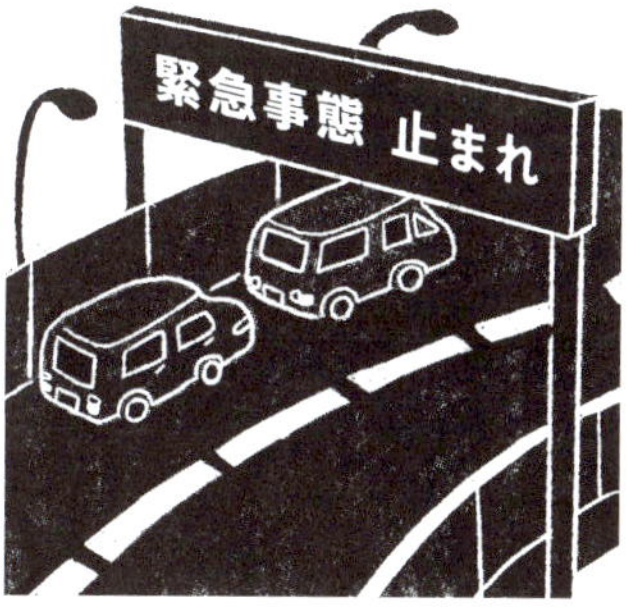

電車：窓から離れ中央で低い姿勢に

爆風の被害を防ぐために、窓から離れてできるだけ低い姿勢をとり、頭を守る。日本では警報が鳴ってもこういう行動をとる人間は少ないかもしれないが、生き残りたいなら迷わずそうすべきである

運転中：停車してエンジンを切る

運転中なら、爆風でハンドルが利かなくなるし、爆風を浴びれば車ごと吹き飛ぶことも考えられるので、車を止め、近くに安全な建物があれば入る。可能なら、車ごと地下駐車場に入るという選択肢もある

塀に近寄り低い姿勢に

住宅街を歩いているときに警報が鳴ったら、左右どちらかの塀に寄って、低い姿勢をとる。ミサイルがどの方角に落ちるかはわからないが、しないよりはましだ。ただし、地震のケースでは崩れてくる可能性があるので近寄らない方がよい場合もある

橋の下に隠れる

頑丈なコンクリート製の橋の下は、いい避難場所になる。もし車に乗っていて橋の近くにいたなら、車を降りて橋の下に入るというのもいい

ベンチの下に伏せる

公園で子供と遊んでいたり、ピクニックをしていたりしたらどうするか。たぶん、たいした遮蔽物はないにちがいないが、公園のベンチの下に潜り込むだけでも効果はある。身を少しでも隠せるスペースを探し、身を低くして爆発に備える

めぼしいものがない場合も低い姿勢を保つ

隠れるものがないところにミサイルが落ちる可能性は低いが、もしそんな場所で警報が鳴った場合は、低い姿勢をとり、頭を守る

農業用水路のトンネルに身を隠す

農村地帯だと、身を隠す場所はほとんどないだろう。しかし、農業用水路がコンクリート製のトンネルになっていることがある

屋内の場合

できるだけ窓から離れる

爆風で窓ガラスが割れたら、数百、数千の鋭利なガラス片が猛烈な勢いで飛んでくる。被害を最小限にするには、できるだけ窓から離れた場所に移動すること

カーテンは必ず閉める

爆風によるガラスの飛散を防ぐには、カーテンを閉めるだけでも、効果がある。もし雨戸があれば閉めるべきだし、なくてもカーテンがあれば閉めるようにする

ベッドは窓から離す

たとえば中東の紛争地帯では、ベッドを窓際に置くことなどありえない。もしものことを考えて、窓ガラスの飛散から身を守るためにベッドは窓から離して、靴も用意しておいた方がいい

身を守る姿勢とは

正しい伏せ方

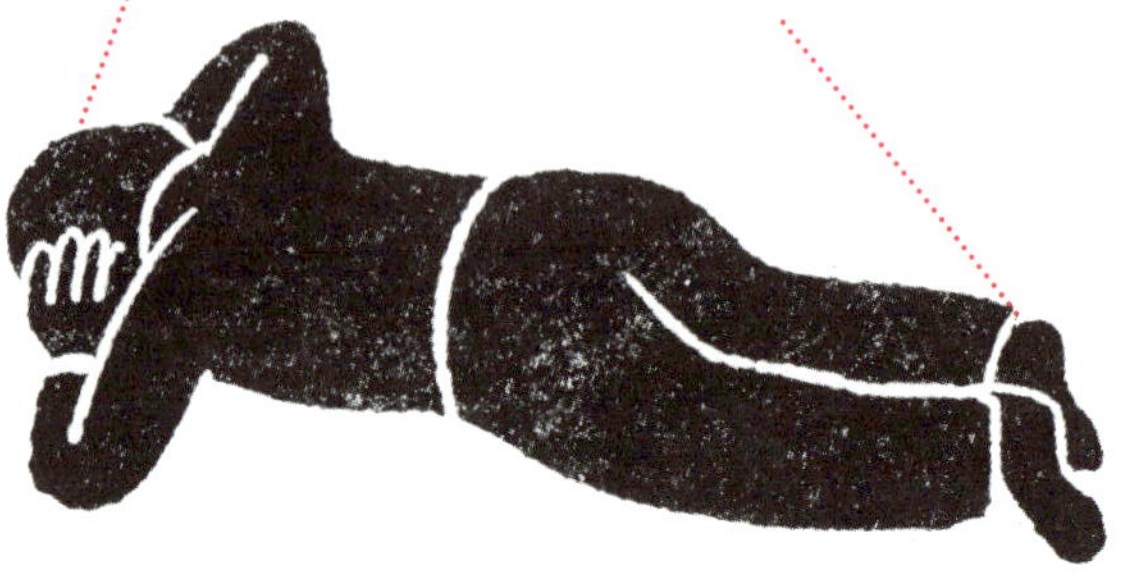
耳を手でカバーする
窓など危険なものに足を向ける

ミサイルに直撃されたら死ぬしかない。それでも生き残ることを考える。室内にいたら、窓に足を向けて姿勢を低くする

移動すべきところに移動したら、あとは着弾に備える姿勢をとって待つしかない。ミサイルだけでなく、どんな爆発物でも対処方法はおおよそ同じ。それは、シンプルだが、できるだけ身を低くするということだ。

まず、これは難しいかもしれないが、爆発がどの方向で起こるのかがわかっていれば、そちらに足を向けてうつぶせになる。もし室内にいるのであれば、窓に足を向けてうつぶせになる。これは、頭部を最優先に守るためだ。

さらに、薬指や小指で目を覆い、親指で耳を塞ぐかたちを取る。耳を塞ぐのは爆発の衝撃で鼓膜が破れるのを防ぐため、そして目を覆うの

衝撃波による眼球突出、鼓膜破裂を防ぐ

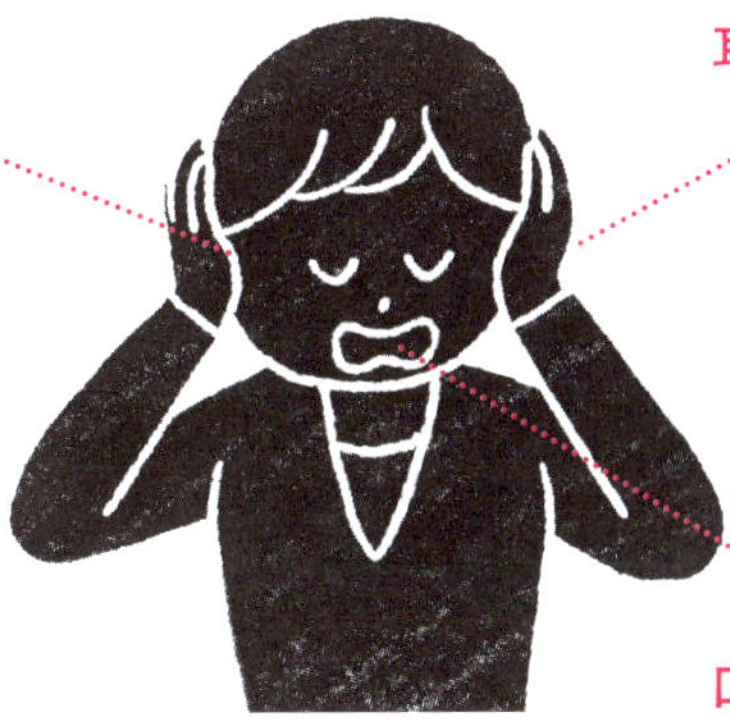
目はつぶる。
できれば
タオルなどで
目を押さえる
耳は手でカバー
口は開けておく

着弾の衝撃波による被害は、鼓膜が破れる、あるいは眼球が飛び出るといったことが考えられる。これを防ぐために、耳を塞ぎ、目をつぶるか手で押さえておく

は爆発の衝撃で眼球が飛び出るのを防ぐためである。もし余裕があれば、タオルなどを目に当てておいてもいいだろう。その余裕がなければ、目をつぶって耳を塞ぐだけでもいい。

もうひとつ、口は開けておくこと。これは、爆発の衝撃による気圧の変化から鼓膜が破れたり眼球が飛び出たりするのを防ぐためで、古くから爆撃される側だけでなく、大砲を撃つときや爆弾を爆破したりするときにも口は開けておくべしと各国の軍の訓練で指導されてきた。ただし、必ず爆発側に背を向けていないと、口から高圧の爆風が入って、肺にダメージを負う危険性があるので注意する。こういった身を守る姿勢は、とっさにできるものではないので、家族でこの姿勢をとる訓練をしておくべきである。

具体的な行動をあらかじめ決めておく

ミサイルが落ちてくることがわかってから、あるいは警報が鳴ってからどう行動するかを決めるようでは、生き残ることは難しい。そうなったときにどう行動すべきかを、あらかじめ計画しておくことが極めて重要である。

これは何もミサイル攻撃に限った話ではない。地震でも津波でも、何かが起こったときにどうすべきかを考え、具体的な行動を決めておくべきである。非常時のプランがあるかないかが、生死を分ける鍵となると心得ておくべきだ。必要なのは、具体的な行動指標である。

たとえば自宅にいたときにミサイルが飛来したらどうするのか、ただ伏せる、ただ逃げるというだけでは具体的な計画とはいえない。例えば2階に上がり、まず戸棚を壁際に寄せる。そして、次に雨戸を東側から閉めて、ゴーバッグを持ってベッドの脇に伏せる。家族がいるのなら、誰がどこに伏せるのか、どういう向きで伏せるのか、だれがどの荷物を持つのか、そして脱出経路は、といったことまで考えて初めて計画と呼べるのだ。そもそも、中東の紛争地帯であれば、ガラスがある窓のそばにベッドを置くことなどありえない。そうした紛争地帯に暮らす人々は、危険を回避するための行動が身に染みついている。

トライアングルゾーンに入る

倒壊時の被害を減らすには、ベッドや丈夫な家具など、何か硬いものの横で、物が倒れてきても安全が確保される三角形の空間に入る

もし何の計画もなければ、その先にあるのは混乱だけだが、反対に計画さえあれば目的を持って行動することができる。

どんなことを、どのような順番で、どのように行うかを決めておくこと。もし、勤めている会社でそのような事態になったらどうするのか、日々の通勤電車の中だったらどうするのか、深夜に自宅で寝ているときだったらどうするのか、学校に通っている子供はどう保護するのか。考えられる状況ひとつひとつについて行動を具体的に考えておくことができれば、もしものときに行動を素早くできるし、精神的にも落ち着くことができる。

また、こういう計画を自分だけでなく家族や同僚とも共有しておくことが大事である。

弾道ミサイルが着弾したら

恐ろしい爆発の衝撃波

ミサイルの攻撃力は、そのミサイルにどんな弾頭が積まれているかによって変わる。弾頭の種類は、大きく核弾頭を搭載したものと、それ以外の通常弾頭に分けられるが、通常弾頭のなかでも爆薬を使う弾頭、炎で周囲を焼き尽くす燃料気化弾頭、電磁パルスを発し電子機器を使用不能にするものなど、いくつもの種類がある。また、現代のミサイルはいくつも弾頭を搭載できるので、複数の目標を攻撃することもできるとされている。

最も一般的な爆薬を使う弾頭の被害は、主に爆風と衝撃波によってもたらされる。爆風は、人を吹き飛ばし、建物をなぎ倒す。先にも書いたが、怖いのはガラス片の飛散で、もし爆発時に窓の近くにいたら、無数のガラス片が体を切り刻むことになる。速やかに窓から離れると覚えておくことだ。また、爆発にともなう火災にも注意する必要がある。

さらに強烈で恐ろしいのが衝撃波である。衝撃波は、壁などの遮蔽物があっても関係なく人体に被害をもたらす。考えられる被害は、鼓膜が破れる、眼球が飛び出るなどがある。また、外傷がなくても内臓が破壊されている場合も多いのが恐ろしいところだ。外見は何もないように見えたとしても、血を吐くようなことがあったら危険だ。もし吐いた血にあぶくが混じっていたら、肺に損傷が生じたおそれがある。

こうした被害を減らすには、爆発から距離をとる、遮蔽物を置くという方法しかないのだが、実際に超高速で放物線を描いて飛ぶミサイルがどこに落ちるかを予測するのは極めて難しいとされている。

たとえば、2017年8月に北朝鮮が日本海方面に弾道ミサイルを発射したときにJアラートが発せられ話題になったが、そのエリアは北海道から長野県まで1道11県とかなり広い範囲に及んだ。それくらい難しいということだ。

考えられる人的被害

- 破片による外傷
- 衝撃波や爆風による内臓の損傷
- 鼓膜が破れる
- 眼球の突出

ミサイル着弾現場の混乱

ミサイルが落ちてくるのは突然だ。着弾したら、爆発による音や振動、建物の倒壊、火災、煙などによって、それまで何事もなかった周囲の状況が一変する。

倒壊した建物の瓦礫だらけになり、もうもうと土埃が立つ。周囲には死体や体の破片が散乱し、血を流した怪我人が悲鳴を発し続ける。生き埋めになった人が必死に助けを求める声も聞こえてくるだろう。もしかすると、こういうシーンはリアルな映画で見たことがあるという人もいるかもしれないが、やはり現実と映画はまったく違うものだ。

人が爆発や銃弾によってバラバラになると、周辺はアンモニア臭に似か臭いに包まれる。さらに、何かが焼けこげる臭い、聞いたことがないような断末魔の叫び。この状況で冷静でいられる人はまずいないだろう。視覚的な情報だけでなく、聴覚や嗅覚によっても現場の状況を感じ取れば、パニックになるのは当然である。思考が停止してしまうカウンターパニック、周囲の状況を確認することでさらに混乱するセカンドパニックというものもある。

パニックになるのを防ぐことは難しい。しかし、そういう状態になるということを知っているのと知らないのとでは大きく違うはずである。大事なのは心構えだ。

襲いかかる強烈なストレス

現場はパニック状態に陥る

最初は何が起きたかわからない人がほとんどだろう。着弾直後はまだ大丈夫でも、状況を把握するにつれ恐怖が増しパニックとなるケースもある

自らの損傷確認を行う

着弾直後、まずは自分の体に何が起きているのかを確認することから始める。アドレナリンが出ていて、大怪我をしているのに気がつかないこともある。また、何かの破片が動脈のすぐ近くに刺さっていることもある。こうした場合は、急いで動くと損傷が大きくなってしまうので、ひとつひとつ、ゆっくりとした動作で確認していくことが大事である。

倒れていて意識があるとしたら、まずは目を開けてみる。次に四肢の損傷の確認だ。末端の指先からゆっくりと動かしてみて、手首、肘と体の中心部に進む。脚も同様に行う。このとき、動かしている感覚があっても、指や手足がなくなっていることがあるので、必ず目視でも確認すること。体幹部は、出血や痛みがないかを目と手で確認。血を吐いたり、鼻血を出していたりしたら内臓や頭部に損傷があるおそれもある。異状を感じなくても、急いで立ち上がるとめまいがしたり、ふらついたりするので、そのまましばらく横になっていたほうがいい。

自分の感覚が戻ってきたら、ゆっくりと立ち上がる。めまいがしても頭を振ったりしてはいけない。まず四つん這いになり、膝立ち、そして二足で立つ。内臓のダメージはあとになってやってくることもあるので、気を抜いてはいけない。

着弾後の損傷確認の手順

1. 意識の有無は

意識があるなら、目を開けて視界があるかどうかを確認。
片目でなく両目が見えるか

2. 四肢の損傷の確認

指先からゆっくり動かし、手首、肘と、末端から中心部にかけゆっくり動かしてみる。
その部分がないのに感覚だけが残ることもあるので、目視でも行う

3. 体幹部の損傷の確認

体の中心部の損傷を確認。出血がないかどうかを見て、
触って確認する

4. 頭部の損傷の確認

ふらつくのは当たり前。出血や鼻血がないかどうかを確認。
頭を急に振ったりはしないこと

5. ゆっくりと立ち上がる

四つん這い、膝立ち、二足の順にゆっくりと立つ。
壁など支えになるものを使うとよい

体の損傷の確認法

頭部

外傷がないか、出血がないかを見る。頭痛がしたり、視点が定まらなかったりしても、頭を振ってはいけない。損傷が大きくなるだけだからだ

目は見えるか、耳は聞こえるか

ゆっくり目を開けてみて、見えるかを確認。片目ずつ行う。鼓膜が破れているおそれも大きいので、周囲の音が聞こえるかどうかも確かめる

吐血があれば内臓損傷のおそれ大

外傷がなくても、内臓が破裂していることがある。吐血したら内臓が損傷を受けているかもしれない。しばらく経ってから気づくこともある

手足の先からゆっくり

傷ついている手足を急に動かすと、損傷がひどくなることがあるので注意。手足の末端部から、ひとつずつゆっくり動かして確認する

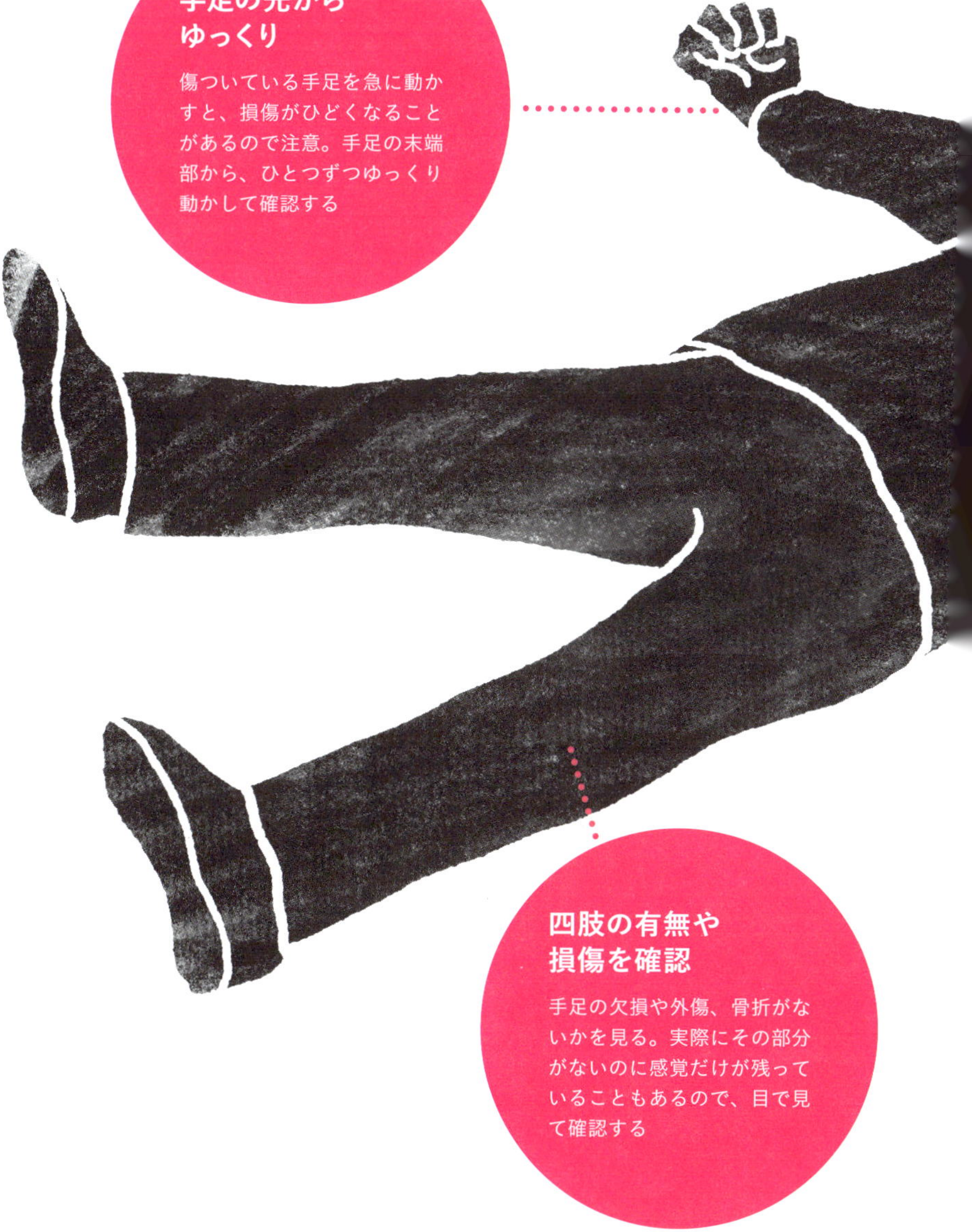

四肢の有無や損傷を確認

手足の欠損や外傷、骨折がないかを見る。実際にその部分がないのに感覚だけが残っていることもあるので、目で見て確認する

ファーストエイドについて

戦時下では、救急車がすぐにくるとは限らず、自らの手で自分、もしくは周囲の人の救護活動を行わなければならない。戦場での怪我でまずすべきことは、止血だ。人は体内の血の1/3を失うと命の危険が生じ、1/2以上だと心肺停止となるとされている。血の色が鮮やかで、心拍のリズムと一緒にピュッピュッと飛び出ているなら、動脈が切れている。こうした場合は、一刻も早く出血を止めなければならない。止血の方法にはいくつかあるが、覚えるべきは直接圧迫法と止血帯を使う方法だ。

まず直接圧迫法は、出血しているところをガーゼなどで強く押して血を止める方法である。このとき、患部は心臓より高くしておくこと。専用の止血パッドなども販売されているが、なければタオルでも洋服でも何でもかまわない。傷が大きければ、傷口を埋めるようにガーゼやタオルを詰め込んで出血を抑える。

大量に血が出ていると、傷が見えにくいし、ヌルヌルと手が滑って止血パッドのパッケージを切るだけでも大変だ。映画だとよく口でパッケージを開けるシーンがあるが、実際にパッケージにあらかじめ切り目を入れておく兵士もいる。

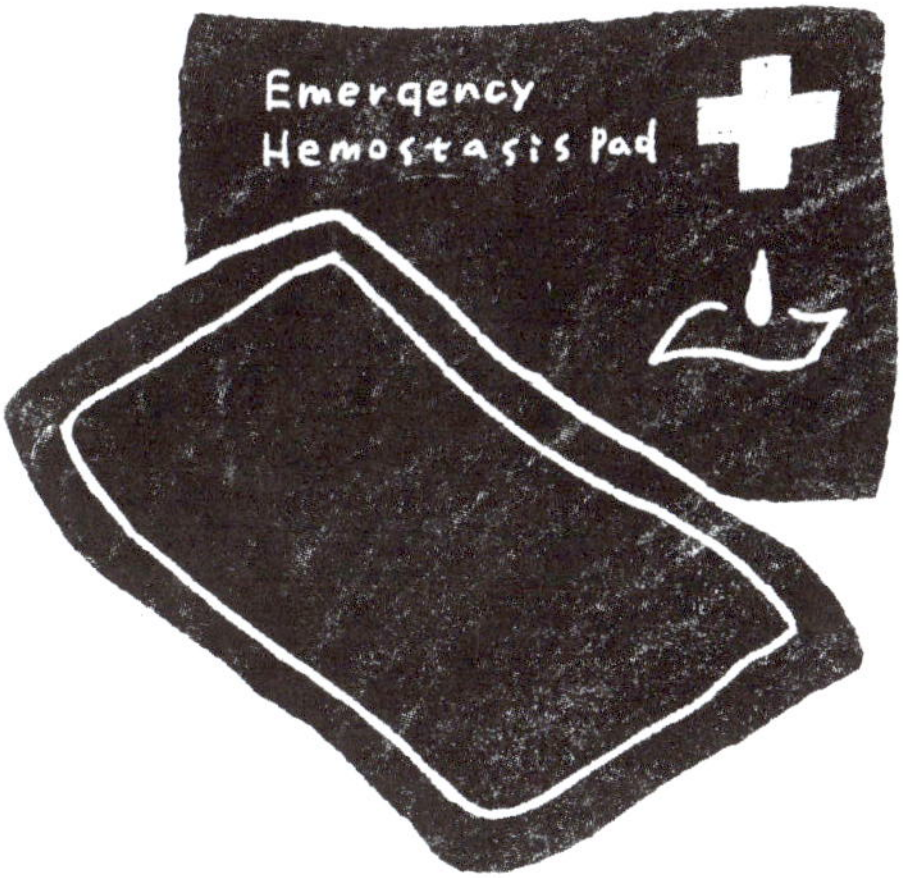

止血パッドや止血用の包帯

軍隊では、直接圧迫法に使う止血パッドを携行する。民間用でもさまざまなメーカーからさまざまなサイズの止血パッドや止血用の包帯が販売されている。日頃からメディカルグッズのひとつとして持ち運ぶことも検討するといいだろう

患部を強く圧迫して止血する

方法はシンプルだが効果的な止血法が、直接圧迫法だ。やり方は、止血パッドやガーゼ、タオルなどを傷に強く押し当てる。血液に触れることで起こる病気感染を防ぐなら、ビニールなどを使って肌に血液が付かないようにする

止血帯と代用品

直接圧迫法で血が止まらなければ、止血帯という道具を使う方法もある。これは四肢の怪我で使うもので、バンドを締めつけることで血流を止めて傷からの出血を防ぐもの。アメリカ軍の兵士であればひとりひとつずつ携行しており、必ず救護される側の兵士のものを使うのがルールになっている。これは、自分の止血帯を他人に使ってしまったら、もし自分が必要になったときに困るからである。

バーをひねることでベルトを締めるのだが、このバーを怪我をした本人に持たせることもある。そうやって役割を与えることで、意識を失わせないようにするのだ。

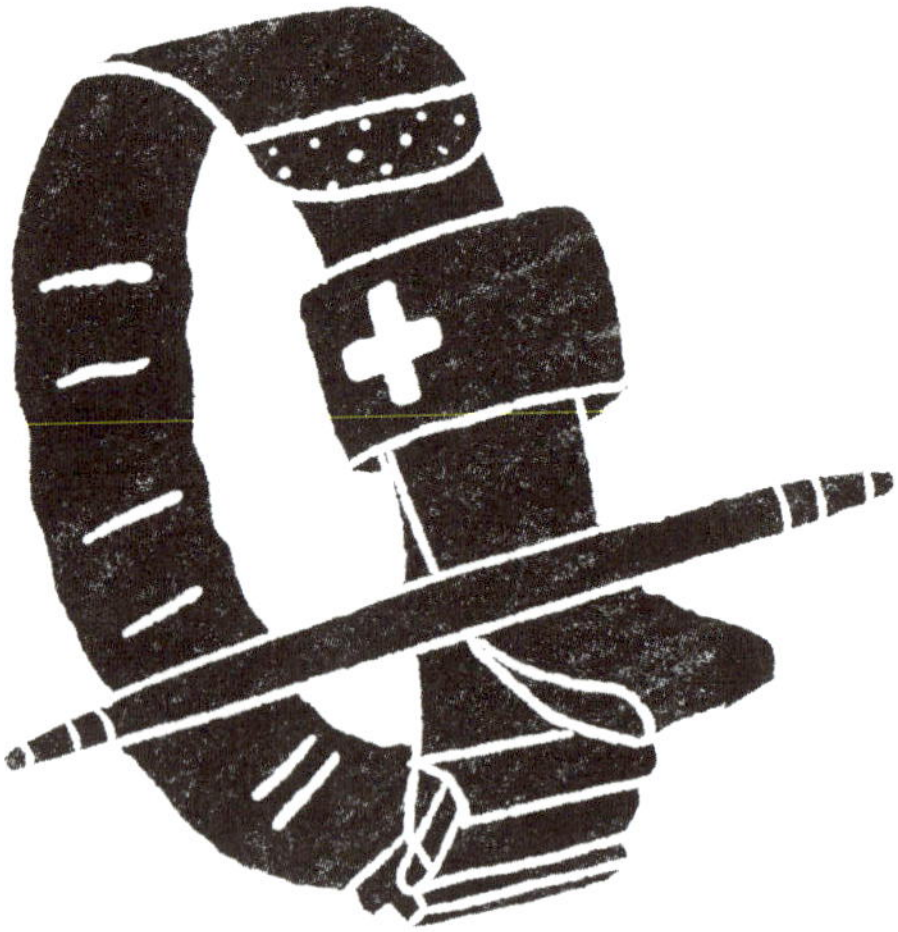

止血専用バンド「止血帯」

傷を負った箇所より心臓に近いほうにバンドを巻き、バーを回して強く締め上げる。止まらなければ、ふたつ使うこともある。血流を止める時間が長いと手足を切断しなくてはならなくなるため、30分に一度は緩めて血を流すようにする

止血帯の代用法

棒と紐を使った止血法

布や紐と硬い棒で代用することもできる。ただし、かなりきつく締めるので、鉛筆や普通のボールペンでは折れてしまう。また、この方法には強烈な痛みがともなうが、紐が細いとさらに痛みが増すし、皮膚組織の損傷も大きくなりやすい

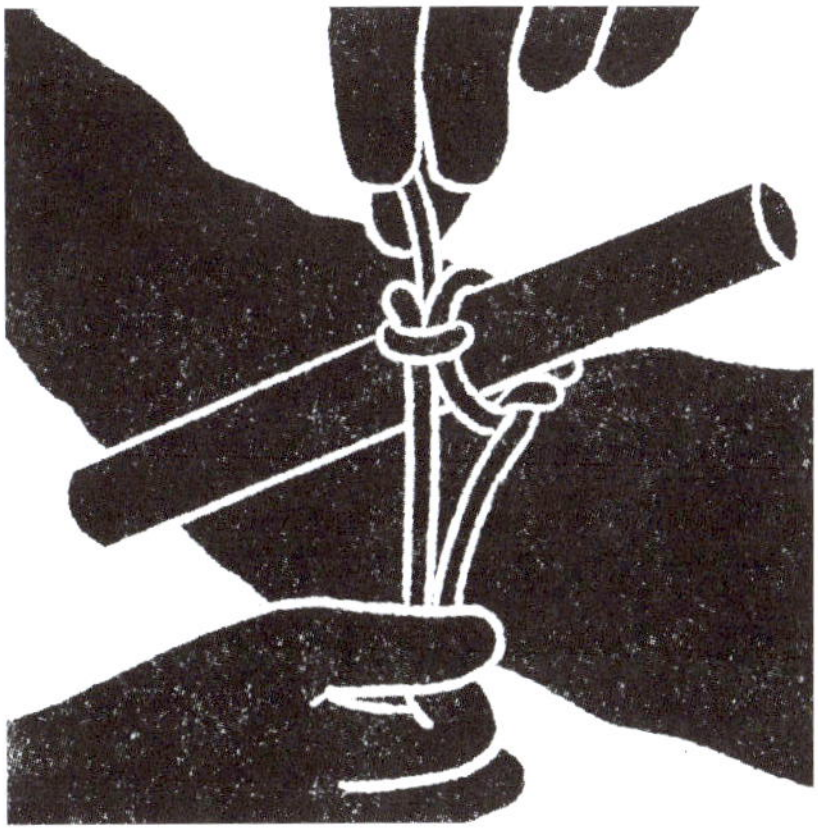

パラシュートコードと棒の使い方

パラシュートコードと棒を使う場合、まず傷口より心臓側にパラシュートコードを結び、棒に巻きつけてもう一度結ぶ（結び方はどちらも本結び）。これで出血が止まるまで棒をクルクルと回す。筋肉や神経を傷つける恐れがあるので、この方法は非常時に限る

STOPという危機管理の行動指標

ＳＴＯＰという、アメリカのアウトドアの世界で用いられている行動指標を紹介しよう。ただの語呂合わせのようにみえるかもしれないが、どうしたらいいかわからない、何をしたらいいかわからないという状態では、戦時下で心を強くもつことはできない。迷いなく行動するための行動指標は大きな心の拠り所になるし、気象災害などサバイバルが必要なシーン全般で役立つので覚えておこう。

最初にすべきことは、止まること（ＳＴＯＰ）。闇雲に動くことは、問題を悪化させるだけである。問題が起きていると感じたなら、まずすべきことは動きを止めることだ。そして、行動を止めたら、次に自分や家族が生き残るために何をすべきかを考える（ＴＨＩＮＫ）。そして、それとともに観察（ＯＢＳＥＲＶＥ）することも必要だ。自分がどのような状況下に置かれているのか、何が利用でき、何が利用できないのか、情報を集めることで、考えることの正確性も増していく。そして、考えがまとまったら、具体的な行動のための計画を立てる（ＰＬＡＮ）。計画なしで行動することは、できるだけ避けねばならない。戦場で自分を見失いそうになったとき、ぜひ、この行動指標を思い出し、心を強くもっていただきたい。

STOP

S

動くのをやめる

どうしていいかわからないときほど、無駄に動いてしまうものである。まずは動くことをやめて、自分が問題に直面していることを認めなくてはならない。そこからすべてが始まるのだ

THINK

T

考える

混乱している思考をコントロールできるように、現状を整理して心を落ち着かせる。咄嗟のときは頭の中に一気に情報が入ってパニックになるので、それらを一度沈めるイメージだ

OBSERVE

O

観察する

自分の環境や状況を観察する。自分は何を持っていて、何を持っていないのか、肉体、精神の状態はどうか、生き残るために利用できるものはないか。状況を知ることで、次の計画も立てやすくなる

PLAN

P

計画を立てる

自分が置かれている状況を見極め、すべき目標に向かって計画を立てる。できるだけ危険が少なく、労力をかけずに結果を出すにはどう動けばいいのか。計画こそが生き残るための鍵である

家族の安否を確認する

明確な予告があって開戦するなら話は違うだろうが、戦争が突然始まることもある。それはあなたが会社で仕事をしているときかもしれないし、出張で地方に出かけているときかもしれない。子供たちはそれぞれの学校にいるかもしれない。いきなり戦争が始まったとしたら、むしろ家族が一緒にいないことのほうが多いくらいだろう。

そうした場合でも、家族の安否を知る方法はいくつかある。あらかじめどのような方法で安否を確認しあうのかを決めておけば、よりスムーズにお互いの状況を知ることができるはず。左ページにあるような方法を使って、予行演習をしておくのもいいだろう。

だが、戦争下であれば、こうした方法を使えないというおそれも十分にある。敵国によって、インターネットや電話回線などの通信網が破壊されるかもしれないし、自国の政府や軍が通信制限を行うかもしれない。これだけ技術が進み、毎日当たり前のようにインターネットを使っている時代で、突然、電話さえ通じなくなる。それが戦争というものだ。もしそういう状況に陥ると、とたんに家族の安否を知る方法が少なくなる。一番確実なのは、合流場所、すなわちランデブーポイントを決めておき、あらかじめ決めておいた時間に集合することだ。

日本における家族・知人の安否確認の方法

通信事業者による安否確認サービス

NTTなどの通信事業者による伝言板サービス。通信が集中し、つながりにくい状態になったときに、メッセージを家族や知人に届けられる。自然災害用だが、戦時下でも使える可能性は高い

SNS

フェイスブックやツイッターなど、多くの人とコミュニケーションがとれるSNSサービスも便利。ただし、未確認の情報やデマもたくさん入ってくるので、惑わされないようにしたい

インターネットサービス

今では多くのメーカーが安否確認システムを発表しているし、いくつもある災害用伝言板の情報をまとめて検索できるサイトもある。また、グーグルにはパーソンファインダーという安否確認用のWebアプリケーションもある

スマートフォン用アプリ

あらかじめスマートフォンにダウンロードしておく、アプリ形式の安否確認方法もある。たとえば、東京都公式の防災アプリは、安否確認ができるだけでなく、災害時に役立つコンテンツも豊富

警備会社によるサービス

基本的には有料の法人向けサービスになるが、あらかじめオプション登録しておくことで、もしものときに社員だけでなく家族の安否も確認することができるようになっている

ランデブーポイントへと移動し家族と合流する

自分の身の安全を確保できたら、家族と合流する。自宅が無事であれば装備や食料もあるだろうから、まずはそこに戻ることを考える。

電車やバスなどが動いていればいいが、もしミサイルがいくつも落とされていれば、交通網が麻痺しているおそれがある。車は大渋滞になっているか、規制がかけられて走れないかもしれない。そうしたら足を使って歩くしかない。歩くといっても終電を逃して歩いて帰るのとは訳が違う。町中が大混乱になっているはずだし、次のミサイル攻撃や敵兵の襲来に怯えながらの行動になる。それに、家族と連絡がとれて自宅も無事であるとわかっていればいいが、そうとも限らない。大きな不安と恐怖を感じながら家路を急ぐことになるだろう。

自宅に戻り、家族と合流できたらひと安心だが、もし、自宅が火事でなくなっていたりしても、落ち込んでいる暇などはない。今度は、あらかじめ決めておいた集合場所へと向かわなくてはならない。早く家族と合流しないと、次の攻撃があるかもしれないし、周辺の安全を確保できず、もっと遠い場所へ避難しなくてはならなくなるかもしれない。家族が散り散りなままで避難するような事態は避けなくてはならない。

家族全員が集合するために、ランデブーポイントは必ず決めておく。ひとつではなく複数、そして、その場所を全員が知っていなければならない

航空機による爆撃

現代の空爆の意味

敵が弾道ミサイルで遠距離から攻撃してきたら、次に考えられる攻撃は爆撃機による空爆だ。もし敵国との距離が近ければ、ミサイルなしにいきなり爆撃機が来るおそれもある。ただ、爆撃機が飛んでくるといっても、地上から見える高さにやってきて、爆弾をバラバラと大量に落とすわけではない。アメリカがベトナム戦争でやったような、無差別に爆弾を落とし周辺一帯を破壊しつくす絨毯爆撃や、第二次世界大戦時の東京大空襲のように大量に爆弾をばらまく爆撃は、効率という面から考えると決していいものではない。また、無差別な大量殺人として国際社会から非難されるため、倫理的な見地からも現代は敬遠されている。

現代の空爆は、もっとずっと高いところ。1万m近い高さから爆弾が投下される。この高度だと下にいる人間は飛行機が飛んでいることにも気づかない。ステルス爆撃機なら、自軍のレーダーが機能していたとしても発見できない可能性がある。

誘導システムが進化しているため命中精度は極めて高く、どの家に落とすかも決めることが

ピンポイントを狙える現代の空爆

爆弾を数mの誤差で落とせる現代では、絨毯爆撃は効率の悪い方法といえるが、その地帯を破壊しつくすという意思があれば行われるおそれもある

できる。また、一発で1kmの穴がポッカリとあくくらいの強力な破壊力をもつ爆弾もある。精密な爆撃が可能で、破壊力がある爆弾もあるとなれば、目標が明確であれば何百、何千と爆弾を使う絨毯爆撃をする必要はないのである。

とはいえ、それほど昔ではない2001年のアメリカ軍によるアフガニスタン侵攻、そしてロシアも2015年からのシリア介入で絨毯爆撃を行っている。

精密爆撃の技術をもつ両国が絨毯爆撃を行う理由は何なのか。それは、その周辺を破壊し、そこにいる人すべてを抹殺するためである。よって、もし無差別な絨毯爆撃が行われるとしたら、それは、われわれをこの世から抹殺しようという意思のもとに行われていると考えられる。

空爆のおそれがある場所から距離をとる

空爆の威力は凄まじい。短い時間の間に連続で何発、何十発もの爆弾が爆発し、その一帯を破壊しつくす。ひとつの爆弾の中に小型爆弾が１００個近く内蔵されていて、無差別に広範囲を破壊するクラスター爆弾や、都市部であれば、第二次世界大戦の東京大空襲のときのように、爆発ではなく火災を発生させる焼夷弾が使われることも考えられる。

空爆の被害から逃れる唯一にして最高の方法は、空爆される場所から距離をとるということである。もし爆弾が投下されるその場所にいたら、つまり直撃されたら、物陰に隠れるとか、身を守る姿勢をとるといった行動をしたとしても、間違いなく死ぬことになる。直撃されなくても、近くに落ちれば生存できるかどうかは、正直にいえば運次第。確実に生き残るためには、とにかく危険と思われる場所から離れるしかない。

しかし、もし空爆されるとしたら、どこなのか。ミサイルで狙われる場所と同じように、人が集まる都市部や軍事的な要所だろうということは想像できる。しかし、それがどこの都市なのか、どこの軍事施設なのかということを予想するのは難しい。むしろ、ミサイルであれば警報が鳴るかもしれないが、爆撃はいつ始まるかという予測もしにくい。もし、制空権を完全に

空爆される場所を予測するのは難しい

いつ、どこが空爆されるのか、それをあらかじめ知る方法はない。だとすると、もともと空爆されるおそれが少ない場所に逃げるしかない

握られてしまっていたら、それこそ、いつ、どこで爆撃があるか知りようがないのだ。

ではどうすればいいのかといえば、爆撃のおそれがあるすべての場所から離れるしかない。第二次世界大戦のときに都市部の子供たちを地方の田舎に移動させた学童疎開のように、爆弾が落ちるおそれが少ない場所に移る。つまり、移住するということだ。

移住する先は、人口が少ない山村など田舎がいいだろう。こうした場所であれば爆撃されるおそれは少ないし、地上部隊が迫ってきたときに身を隠すことができる山もある。電化製品などの現代的な生活用品は手に入りにくいかもしれないが、自然が豊富なら工夫次第で水や食料も手に入れることができる。

瓦礫に埋もれてしまったら

笛があれば吹いて助けを呼ぶ

日頃からホイッスルを携帯しておけば、瓦礫に埋もれたときだけでなく、さまざまな状況で救助を求めるのに役に立つ

地上に降り注ぐ爆弾の雨は、街を破壊し瓦礫の山へと変えてしまう。たとえあなたが爆弾の直撃を逃れたとしても、瓦礫の下敷きになってしまうこともある。

もし瓦礫に埋もれてしまったら、外にいる人に救助を乞うしかない。自らの存在を外部にアピールする手段は音と振動。常日頃からホイッスルを携帯していればベストだ。大きな声を上げ続けるのは、体力を消費し、粉塵を吸い込むことになるので、最後の手段にしなければならない。また、ガスが漏れているおそれもあるので、暗くてもライターをつけてはいけない。

もし周囲に鉄パイプや木材など何か硬いもの

手近なもので何かを叩いて存在を知らせる

瓦礫に埋もれてしまっても、もし体を自由に動かせるのであれば、石や鉄、木材など硬いもので何かを叩いて音を出し、外に存在を知らせる

が落ちていたら、そのもの同士を打ち当て音を出す、もしくは、壁などを叩いて音を出すようにする。そうすることで、体力の消耗を抑えることができるのだ。

怪我がない状態で生き埋めになったときに命を落とす原因は、脱水と低体温が主である。一般に、人が水を飲まずに生存できるのは72時間といわれていて、身動きができない状態で脱水症状が続くと意識障害が起こり、やがては死に至る。また、極端に気温が低く体温が保持できなければ、わずか数時間で死亡してしまうので、できるだけ早く救助してもらう必要がある。

とはいえ、地震で生き埋めになってから、100時間を過ぎて救出されたケースも実際にある。絶対にあきらめずに救出を待とう。

火災に巻き込まれたら

火災では、炎が危ないのはもちろんだが、物が燃えることで室内の酸素がなくなる酸欠状態や、木材やプラスチックが燃焼することで発生する有毒ガスも危険だ。有毒ガスを吸うと数秒で意識を失ってしまうこともあるので、できるだけ早く室内から脱出する。

まず、避難経路を決定する。自宅や会社など、知っている場所であれば事前に決めておいた脱出ルートを使用する。通常の火災と違い、何ヶ所か同時に出火していることも考えられるので、脱出ルートは複数用意しておきたい。

脱出ルートを決めたら、煙を吸い込まないようにハンカチやタオル、洋服などで口と鼻を覆い、身を低くして脱出する。煙は天井部から下へ広がっていくので、身を低くしたほうが煙を吸い込みにくく、視界も開けるからだ。そして、煙の中を移動するときは、息を止めない。息を止めると、我慢できなくなって大きくひと呼吸した際に多量の煙を吸い込んでしまうので、最小限の呼吸を続けるようにする。もし、部屋のどこにドアがあるかもわからないほど煙が充満してしまっていたら、四つん這いになるなど姿勢をさらに低くし、足先で壁を触りながら移動する。そうすれば、いつかはドアにたどり着くはずだ。

視界が利かなければ足先で壁を触り進む

煙が室内に充満し、ドアがどこかもわからなくなったら、足先で壁伝いに移動。最短距離ではないかもしれないが、確実にドアにたどり着く

自分の安全を確保してから救助活動を行う

レスキューの基本として、セルフレスキュー・ファーストというものがある。これは、自分の安全を最優先するという考えだ。まず自分を助ける「自助」を行い、次に近隣の人とともに助けあう「共助」活動を行うことができるというものである。

もし、目の前で子供が溺れていたとしたら、あなたは自分の身が第一と考え無視していられるだろうか。きっと即座に水に飛び込んでしまうという人が多いだろう。では、その行動は本当に正解なのだろうか。水難救助の場合、レスキュー方法の選択順序というものが存在し、自身が飛び込む前に、呼びかけや棒・ロープなどで引き寄せる、ボートを使うなどリスクの低い救助方法から検討しなければならない。当然、救助方法を知らない人が飛び込めば、犠牲者がひとりからふたりに増えるだけである。

何がいいたいかというと、技術があり、準備をしている人ほど、生存できる可能性が高まり、人を助けることもできるということである。大切なのは自分や人を助ける「技術」をどれだけ体得しているか、そして、いざというときに自分や人を助ける「準備」をどれだけしているかということである。それは今からでも始められることのはずだ。

粉塵を吸わないように口と鼻を覆う

実際の爆撃現場は、炎による煙や建物の倒壊による粉塵で、視界も利かず呼吸も困難になる。簡単ではあるが、タオルや手ぬぐいで口や鼻を覆うのは効果的

切れた電線やガス漏れにも注意

爆撃後、切れた電線を見つけたら感電のおそれがあるので近づかないこと。そのほか、ガス漏れが生じていることもあるので注意する

恐るべきNBC兵器

NBC兵器とは

世の中に兵器は数多くあるが、なかでも非人道的で恐れるべきとされているのがNBC兵器である。人を殺す道具である兵器に、そもそも人道的もへったくれもないと思うが、それでも無差別に、そして大量に人間を殺戮する兵器は、ほかとは区別されてしかるべきだろう。

NBCのNは、「NUCLEAR WEAPON」、つまり核兵器だ。核兵器がどれだけ悲惨な兵器かは、世界唯一の被爆国である日本人はよく知っているはずである。1945年にアメリカが広島と長崎に投下した原子爆弾による死者数は現在も正確にはわかっていないが、たった一発ずつの爆弾で、兵士も民間人も大人も子供も関係なく多くの死傷者を出した。

Bは「BIOLOGICAL WEAPON」、つまり生物兵器を意味する。細菌やウイルスを利用して人体に害を与えるものである。

そしてCは「CHEMICAL WEAPON」で、化学兵器。これもまた日本で1995年にオウム真理教が地下鉄内で猛毒の神経ガス、サリンを散布するという事件が発生している。

NUCLEAR WEAPON

N

核兵器

核分裂や核融合によるエネルギーを破壊の源とする兵器のことで、衝撃波、熱風、放射線などにより大量破壊を行う。有史の爆発物のなかでは、破壊力が最も強力で、わずか一発でも都市を壊滅させることができるほどのエネルギーをもっている

BIOLOGICAL WEAPON

B

生物兵器

細菌やウイルスを用いる兵器。ウランやプルトニウムなどが必要な核兵器と比べると開発が比較的容易であり、テロなどでも使用されるおそれがある。主なものとしては炭疽菌、天然痘があるが、現在はジュネーヴ諸条約により使用が禁止されている

CHEMICAL WEAPON

C

化学兵器

マスタードガスやサリン、VXガスといった人工的につくられた毒ガスなどを用いる兵器。わずかな量でも致命的なダメージをもたらし、後遺症も残りやすい。一発で大量の死傷者を生じさせる大量破壊兵器で、これもジュネーヴ諸条約で使用が禁止されている

核攻撃に対応する

甚大な被害をもたらす核攻撃

現代で最も大きな威力をもつ核兵器。使われるおそれは低いとされてはいるが、いまだ世界にはおよそ10,000発もの核兵器がある

核兵器は、強烈な光と熱波、放射線、爆風、電磁パルスなどにより、周囲数十㎞に致命的な被害をもたらす。さらに、爆発で直接的なダメージを受けないほどの距離であっても、放射性降下物の拡散により被害を与える。

爆発直後の放射線、そして、そのあとの放射性降下物から身を守るために必要な要素は、距離、遮蔽物、時間の3つだ。

爆発するときに遠くにいることはもちろんだが、放射性降下物は風に乗って遠くまで運ばれるので、爆発後であってもできるだけ離れるようにする。避難はコンクリートの厚い壁があるビルの中へ。屋内では窓を閉め、余裕があれば

核兵器による被害とは

着弾時の熱線と衝撃波による被害

核反応によって生まれた爆発は、数百万度の熱を発し、強烈な光と熱放射、爆風が爆心地から急速に拡大。その放射線と熱波、爆風は人工物と人体に対し、致命的な損害を与える

放射性物質による被害

爆発後に熱が減少すると、気化した放射性物質が粒子となり放射性降下物となって地上に降り注ぎ、広範囲にわたり被害をもたらす。放射性降下物による放射線量は、最初の24時間で著しく減少する

ダクトテープなどで目張りをする。もしあれば建物の中央部の窓のない部屋に入る。地下室があれば理想的である。

閃光で失明するおそれがあるので、爆発の瞬間を直接見てはいけない。入る建物がなければ、遮蔽物に身を隠すか、上着を被ったり、口と鼻をハンカチで覆ったりするなど、皮膚の露出をできるだけ少なくして爆発に備える。爆発から離れていれば、衝撃波がくるまでに30秒以上かかることもある。爆発後は、爆発地点から速やかに避難するが、放射性降下物が飛ぶ風下方向に逃げないように心がける。

安全な場所に避難したら、放射線量が下がるまで待つ。少なくとも24時間はそこから出ないようにするべきだ。

核で攻撃されたら

着弾時

爆発時の閃光は見てはいけない

核爆弾が爆発したときに生じる閃光や火球は、失明するおそれがあるため直接見てはいけない

遮蔽物を探し身を隠す

コンクリートなど質量が高い素材で、厚みがあるほど遮蔽効果が高くなるが、布一枚でもないよりはましだ

着弾後

爆発地点から離れ、屋内に避難

爆発が起きたら、迅速に爆発が起きた場所からできるだけ遠ざかり、屋内に避難する。風下に逃げてはいけない

ハンカチなどで口と鼻を覆う

避難するときには、放射性物質を吸い込むのを防ぐために、ハンカチやタオルなどで口と鼻を覆う

地下を通って避難

避難するときに、地下街など地下施設があればそちらを利用する。これも放射性物質から身を守るためである

避難後

服を脱ぎ、ビニール袋に入れる

放射性粉塵を吸い込まないよう気をつけながら服を脱ぎ、ビニール袋に入れて密閉。服を脱ぐのが現実的でなければ、外で服を払う

シャワーを浴び石鹸で体をよく洗う

石鹼で髪と体を洗う。コンディショナーは、放射性物質が髪に付着するので使わない。シャワーがなければ、濡れた布で肌を拭く

汚染の疑いがある水・食料を口にしない

水や食料があっても、汚染された疑いがあれば口にしてはいけない。もし汚染されていたら、内部被曝を起こす

換気扇を塞ぎ、窓を閉め目張りをする

汚染された粉塵を中に入れないよう、換気扇は止めておく。窓は閉めて、ダクトテープやガムテープで目張りをしておく

内部にとどまり情報収集を行う

避難したら、外に出ないこと。2週間ほどで、放射性物質による脅威は激減するので、それまでラジオなどで情報収集を行う

生物兵器で攻撃されたら

細菌やウイルスなどによって人体を攻撃する生物兵器は、ミサイルや爆弾によってだけでなく、飲食物に入れたり、噴霧器などを使って散布したりといろいろな攻撃方法があり、防ぐのが難しい。しかも、人間を媒体とする天然痘などウイルスを使用していた場合、感染した人が二次感染を引き起こし被害が拡大する。細菌やウイルスは目に見えないため、攻撃されたことにさえ気づかないということもあるのだ。

もし、こうした攻撃が行われた場合は、公的機関が調査し結果を発表するまでは外出を控え、汚染された疑いのある飲食物の摂取を避けるようにする。自分の体調に変化を感じたら、医療機関で診断を受けなければならない。

万が一、生物兵器が近くで用いられたおそれがある場合は、速やかにその場を離れること。口と鼻をハンカチなどで覆って、外気が入らない密閉された室内、もしくは感染のおそれがないほど遠い地域まで避難する。避難後は、衣服を脱いでビニール袋などに密閉し隔離。水と石鹸を使い、全身をよく洗う。もし身近に感染者が出た場合は、その人が使用したものに触れないようにし、頻繁に手を洗い二次感染を防ぐ。同時に、感染者の隔離も考えなくてはならない。

生物兵器への対応

口と鼻をハンカチなどで覆い、その場を離れる

脅威から距離をとる。細菌やウイルスの吸入を防ぐために、口と鼻をハンカチで覆い、速やかに、できるだけ遠くへと移動する

室内なら窓を閉めて目張りをする

室内にいたら、外気の侵入を防ぐために窓を閉め、換気扇を止める。隙間がある場合は、ダクトテープなどを使い目張りする

服を脱ぎ、ビニール袋に入れて密閉する

汚染されたという危険を感じたら、避難し静かに服を脱いでビニール袋などに入れて密閉。汚染されていないものに着替える

感染者が触れたものに触らない

感染が身近に発生した場合は、その人が使ったものに触れてはいけない。また、手を頻繁に洗うようにする

この攻撃は、知らないうちに被害が拡大する。ウイルスや細菌が付着したおそれがあるものは、不用意に触れたり匂いを嗅いだりせず、ビニール袋や容器に入れて密閉すること

化学兵器で攻撃されたら

毒性の強い化学物質を使う攻撃も、生物兵器と同様にミサイルだけでなく飲食物への混入や噴霧器などによる散布など、さまざまな方法がある。爆発物による散布とは限らないので、発見が遅れることもあり注意が必要だ。

化学兵器は、核兵器と比べたらはるかに小さな設備、低コストでつくることができる。にもかかわらず、その損害は甚大で、兵器として考えると非常に効率がよい。しかも、相手の兵や民間人に与える心理的ダメージも大きいものである。それゆえ、国際条約で保有も使用も禁止されているのだが、いまなお、多くの紛争地帯で使用や使用疑惑が報告されている。もし戦争状態になれば、使われるおそれは決して少なくない。

化学兵器は、血液に作用して細胞内呼吸を阻害する血液剤、皮膚や呼吸器などを爛れさせるびらん系、神経伝達障害を起こす神経系、呼吸器系に作用して呼吸障害を起こす窒息剤などに分けられる。また、デモの鎮圧などに用いられる催涙剤なども化学兵器の一種ということができる。種類によって作用や持続時間が異なり、たとえばベトナム戦争時にアメリカ軍が使った枯葉剤は、ベトナム全土の出産異常を引き起こすなど、のちのちまで被害を拡大させた。

おもな化学兵器

マスタードガス

イペリットとも呼ばれるびらん性の毒ガス。マスタードのような匂いがするとされ、第一次世界大戦でも多く使われた。遅効性で、ガスを浴びても症状が出るまで数時間かかる

VXガス

極めて殺傷能力が高い兵器として知られる無臭の神経系ガス。呼吸器だけでなく皮膚からも吸収され、わずかな量で確実に人を死に至らしめる。揮発性が低く、散布から1週間程度、効果が持続する

サリン

オウム真理教によるテロ事件で使用され有名になった神経剤。無色無臭で極めて毒性が強く、呼吸器や皮膚から吸収される。頭痛、嘔吐、めまい、錯乱、呼吸困難といった症状が表れる

シアン化水素

血液剤のひとつで、かすかにアーモンドの匂いがするといわれている。初期症状は頭痛やめまいで、最後は呼吸困難に陥り死亡する。効果の持続時間は最長で1日と、それほど長くはない

ホスゲン

窒息系の代表格である猛毒ガスで、第一次世界大戦で多くの国で使われた。吸収すると数時間の潜伏期間ののち、息切れや呼吸困難の症状が出、その後、肺水腫を起こして死亡する

化学兵器への対応

化学剤は風下方向に飛散するので、避難するのは発生源と思われる場所から風上方向。生物兵器と同じように、口と鼻をハンカチなどで覆い、速やかに密閉された室内か離れた高台に移動する。ビルに入る場合は、できるだけ上の階に行くこと。室内では窓を閉め、目張りをして外気の侵入を防ぐ。

洋服や時計、コンタクトレンズなど身に着けていたものはすべて処分する。そのとき、衣服についていた化学物質が肌に付着するおそれがあるので、ハサミで切り裂く。

そのあと、水と石鹼を使い、全身をよく洗う。そして、異常を感じたらすぐに医療機関へ。

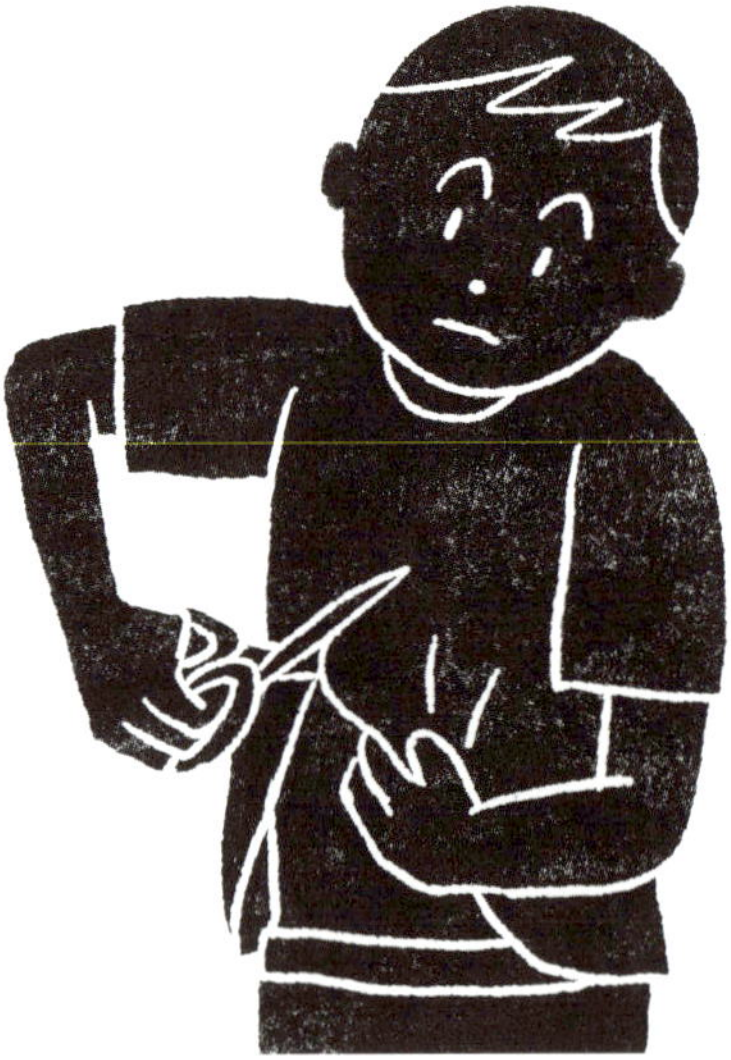

着ている服は ハサミで切って捨てる

化学剤は、呼吸器からだけでなく肌からも吸収される。普通に衣服を脱ぐと、表面に付着していた化学剤が肌に触れるおそれがあるので、ハサミを使って衣服を切りビニール袋などに入れる。汚染された区域には、近づかないこと

STAGE 4

占領

敵軍上陸

上陸のシナリオ

いよいよ敵が目の前に

自分の国に敵意をもった他国の軍が、武器や兵器を持って続々と上陸してくる。恐ろしいことだが、こうした事態も想定しておかなければならない

ミサイルや爆撃といった攻撃のあとに、いよいよ敵の軍勢が上陸してくる。ミサイルや爆弾ももちろん恐ろしいものだが、武器を持った兵士が大量にやってくれば、敵との距離が一気に縮まることになる。敵の実際の顔を見たら大きな恐怖を感じるだろう。

上陸作戦というと、第二次世界大戦でドイツ占領下のヨーロッパに侵攻するため、1944年に連合軍がフランス北西部のノルマンディーに上陸を試みた、いわゆるノルマンディー上陸作戦が有名だ。イギリス、アメリカ、フランスなどからなる連合軍は、Dデイと呼ばれた6月6日に、艦艇からの砲撃、爆撃機や戦闘機による空爆、パラシュート、グライダー、上陸艇などによる兵員上陸でナチス・ドイツ軍に攻撃を仕掛けた。その兵力は、兵員17万人以上、艦艇約4000隻、航空機約1万機という大規模なもので、初日だけで兵士1万人が死傷するという凄まじい激戦となった。また、同じく第二次世界大戦の末期にアメリカ軍によって行われた硫黄島上陸作戦では、日本軍は全滅、アメリカ軍も3万人近い死傷者を出すなど、これも極めて激しい戦闘が繰り広げられた。防備が整えられた陣地に覚悟をもって攻撃を仕掛ける上陸作戦は、戦闘が激しくなるのは必然といっていいだろう。

だが、現代においては、このような大きな犠牲を覚悟した上陸作戦が行われる可能性は低い。きっと、その前にミサイルや爆弾を雨霰のように降らせてこちらの攻撃拠点を叩いてくるだろう。何万人もの兵士を犠牲にするより、そのほうがずっと効率がいいからだ。

そうした遠隔地からの攻撃でこちらの攻撃能力を削いだあとに、いよいよ大きな上陸部隊がやってくる。もしかしたら、海を敵国の艦艇が埋め尽くすということになるかもしれない。想像したくはないが、こちらに反撃する力がなければ威圧的に堂々と上陸してくるだろう。

このとき、われわれ一般市民にできることはあまり多くはない。水や食料の備蓄を確保する、改めて戦時下マップやランデブーポイントを確認し家族で共有する、また、敵軍から逃げるときのために疎開先を用意しておく、そして、これからのあらゆる出来事に対し覚悟を決めておくことくらいだろう。

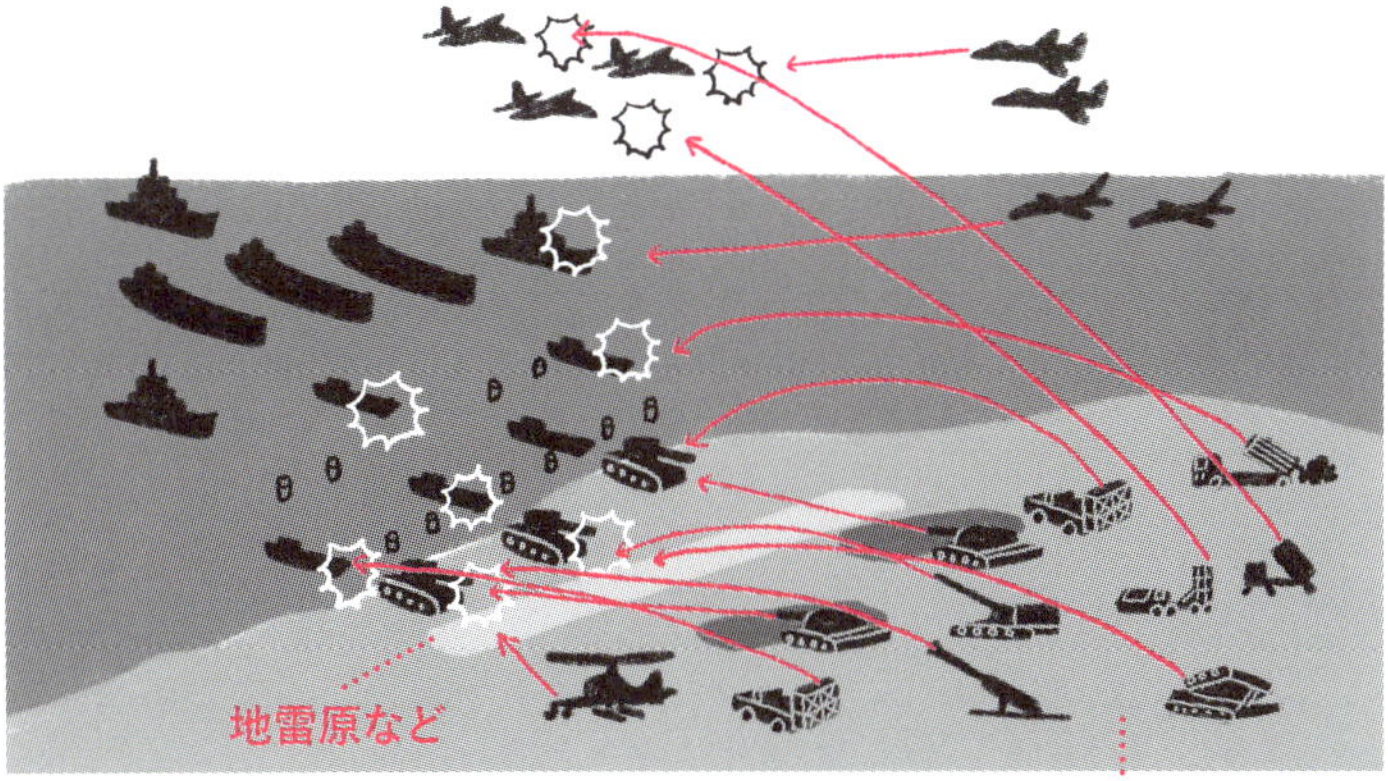

上陸を阻止するための作戦例

戦車や上陸艇などの上陸部隊に対しては、海岸沿いに地雷原を設置。同時に対戦車誘導弾、戦闘ヘリ、戦車などからなる阻止部隊による攻撃を行う

まずは**精鋭部隊**が密かに上陸

大兵力でもって堂々と海から上陸してくる。しかし、その前に少人数の部隊が密かに上陸して特殊作戦を行うというおそれが非常に大きい。

こうした作戦の目的としてまず考えられるのが、本体上陸前にこちらの兵力や防衛体制を知る偵察行動である。こちらの配備や兵力がわかれば、敵国にとって攻撃対象がより明確になり、戦闘でより優位に立つことができる。また、放送局、通信設備、発電所といった施設の占拠や破壊という目的もありうる。こちらの奥地に密かに忍び込み、重要施設を破壊することで、通信網や生活インフラを使えなくし国内に混乱を引き起こすのだ。

それから、恐ろしいのはゲリラ的な破壊工作だ。原子力発電所を破壊したり、生物・化学兵器、爆弾などで無差別攻撃を行ったりすれば、大量の被害者が出てしまうおそれもある。

このような作戦を行う部隊は、小規模だからといって戦闘能力や攻撃力が低いわけでは全くない。むしろ正反対だ。

敵国内に密かに侵入しさまざまな作戦を行うには優れた技術と精神力が必要であり、隠密行動の訓練を受けたその国のトップクラスの兵士たちからなる部隊であろう。たとえば、アメリ

闇夜に紛れ少数精鋭部隊が上陸

隠密行動を得意とする精鋭部隊が、パラシュートやゴムボートを使って密かに上陸。あとからくる部隊の上陸の手助けや破壊工作、偵察行動を行う

カならフォース・リーコンと呼ばれる海兵隊武装偵察部隊というものがある。この部隊は海兵隊のなかでも精鋭中の精鋭であり、敵地に真っ先に乗り込み、ある時は隠密に、ある時は威力をもって偵察・攻撃行動を行う。過酷な訓練を行うことで知られており、隊員はパラシュートの降下技術、偵察技術、射撃技術からダイビング、サバイバル、クライミング術などなど、陸海空すべての作戦行動を極めて高いレベルでできる技術を身につけているという。

闇夜に紛れ、海や空から潜入してくる特殊部隊にわれわれが出会うことは通常ない。もし出会うことがあるとしたら、それは彼らがミスをしたときか、見られてもいいと考えたときである。この場合、残念ながらまず命は助からない。

一般的な兵士の姿

兵士といってもいろいろだ。国によっても、また同じ国のなかでも部隊によって装備は変わる。もちろん、与えられた任務によってもそうだろう。

兵士のなかで最も古い歴史をもち、そして人数が多いのは歩兵である。歩兵とは、文字どおり徒歩で移動する兵士のことだが、現代では飛行機やヘリコプター、自動車なども移動手段に使う。また、時代や戦場によって、馬や自転車を利用した部隊もあった。歩兵は戦争の歴史の始まりから登場するオーソドックスな兵士だが、今現在も土地を占領するにはなくてはならないものである。もし敵国が上陸してきたときにわれわれが多く目にするのも、おそらくこの歩兵だろう。ただし、さすがに装備は時代の変化とともに進化している。古代ギリシャの歩兵の武器は、斧、槍、刀剣、弓、盾といったものだったが、現代の歩兵の武器は銃が中心だ。

歩兵が持つ銃器のなかで現在、最も一般的なのがアサルトライフル、すなわち自動小銃とか突撃銃といわれるものである。これはフルオート射撃（連射）ができるタイプのライフルで、射程距離が長すぎず、短すぎず、歩兵が持つ武器としてバランスが良いものだ。第二次世界対戦よりあとの戦争映画などで兵士が肩から下げているやつで、よく知られているＡＫ-47とか、

一般的な兵士の装備

ヘルメット

頭部を守るためのヘルメット。暗視装置用のアタッチメント付きのものもある

アサルトバッグ

軍用のバックパック。食料や水などを、作戦に必要な日数分だけ入れて持ち運ぶ

ナイフ

戦闘を含む多目的用としてナイフを装備している。部隊によってはトマホーク（斧）を装備することも

ファーストエイド

怪我をしたときのために、止血帯や止血パッドなど、最低限の救護用セットを持ち歩く

アサルトライフル

一般的な兵士が持つ最もスタンダードな銃器。単発撃ちだけでなく、連射もできる

ハンドガン

アサルトライフルの予備として、ハンドガン（拳銃）を持つ。装備しない国もある

グレネード

手榴弾を数個携行。壁の向こうなど、射撃できないところを攻撃するのに使う

予備弾薬

戦闘用のベストには、取り出しやすいところに弾倉を入れるポケットが付いている

基本装備はどの軍隊も変わらない

各国の考え方や経済状況によって多少変わるが、軍隊の兵士が持つ装備はおおよそ同じ。任務によって、これに違う装備が足されたり引かれたりする

M16という名前は、銃器に興味がない人でも聞いたことがあるのではないだろうか。

このアサルトライフルとグレネード（手榴弾）数個とナイフが、歩兵が持つ基本的な武器だ。国によってはいわゆる拳銃、ハンドガンを持つ国もある。そして、そのほかに予備弾薬やヘルメット、防弾ベストなどを装備。アサルトバッグに必要な食料などを入れて携行する。

兵士の命令系統は、階級の呼び名こそ国によっていろいろ変わりはするが、一般企業と同様に明確である。映画などでよく聞く階級を例にとれば、大佐や大尉といった者が命令を下す立場の士官という存在で、一般企業でいえば部長以上のクラスということになるだろうか。また、曹長や伍長といわれるのが下士官で、上司と部下との板挟みになる中間管理職的な存在であり、実際の現場の中心的存在となる。そして、上等兵とか二等兵などと呼ばれる兵士が、いわゆる平社員のような存在。兵士にはあらゆるタイプの人間がいると思ってよい。

部隊の編制もあまり馴染みのないものであろう。これも国によって大きく変わるので大雑把にしかいえないが、実際にともに作戦行動をとる最小限の単位である分隊で8人から12人程度、それがふたつ以上集まって30人から60人程度になったものが小隊、さらに大きくなると中隊、大隊、連隊、旅団、師団となる。階級との関係でいえば、小隊を仕切るのが軍曹から中尉クラス、連隊を率いるのが中佐から大佐クラス、それより上は将校クラスといった感じだろうか。

指揮官の階級と部隊の編制

将校・士官	下士官	兵
元帥、大将、中将、少将、准将、大佐、中佐、少佐、大尉、中尉、少尉	曹長、兵曹、軍曹、伍長	兵長、上等兵、一等兵、二等兵

細かく分けられている階級

軍隊も階級によって細かく身分が分けられている。その分け方は国によってさまざまなのだが、一般的には二等兵や上等兵がいわゆる一般的な兵士、その上に下士官である曹長や軍曹、伍長といった、現場監督的な立場の者がいる。その上の将校、士官は作戦を指揮したりするエリートということになろうか

名称	人数	指揮官
師団	10,000 ～ 20,000	中将～少将
連隊	500 ～ 5,000	大佐～中佐
大隊	300 ～ 1,000	中佐～少佐
中隊	60 ～ 250	少佐～大尉
小隊	30 ～ 60	中尉～軍曹
分隊	8 ～ 12	軍曹～伍長
班	4 ～ 6	伍長～一等兵

部隊のおおよその規模

部隊の編制やその呼び方も、国によって大きく異なる。しかし、行動する最小単位の班や分隊と呼ばれる部隊は 4 ～ 12 人程度だろう。そして、こうした少人数の隊がいくつか集まって小隊、中隊、大隊と大きな単位となっていく。また、実際の作戦遂行時には、作戦内容に合わせて部隊が編制されることも多い

戦時下において民間人はどう扱われるか

国と国との戦時下においても、軍が守るべきルールがある。これは戦時国際法といわれ、交戦時のみならず開戦前から遵守すべきこととされている。戦時国際法で有名なものは1899年にオランダのハーグで採択されたハーグ陸戦条約や、1949年以降にスイスのジュネーヴで締結されたジュネーヴ諸条約などで、その内容は主に戦闘時の反人道的な行為や残虐な行為の禁止、あるいは捕虜や民間人の保護についてである。

ハーグ陸戦条約では、毒、また毒を施した兵器の使用や、不必要な苦痛を与える兵器の使用を禁止するほか、敵の国民や兵器を捨てて降伏を乞う敵兵を殺傷することも禁じている。そして、宗教、学術、慈善用途の建物や病院に対する攻撃も制限している。

ジュネーヴ諸条約でも、攻撃目標とされるのは戦闘員か軍事基地や兵器などの軍事施設であり、民間人、病院、教育施設、原子力発電所などへの攻撃を禁じている。そして敵対行為に直接参加しないものは、すべての場合において人道的に扱わなければならず、暴行、殺人、拷問といった行為もしてはならないとしている。さらに、そのほかに対人地雷、化学兵器、細菌兵器、毒性ガスの開発や生産、保持を禁止あるいは制限している国際法もある。

学校

病院

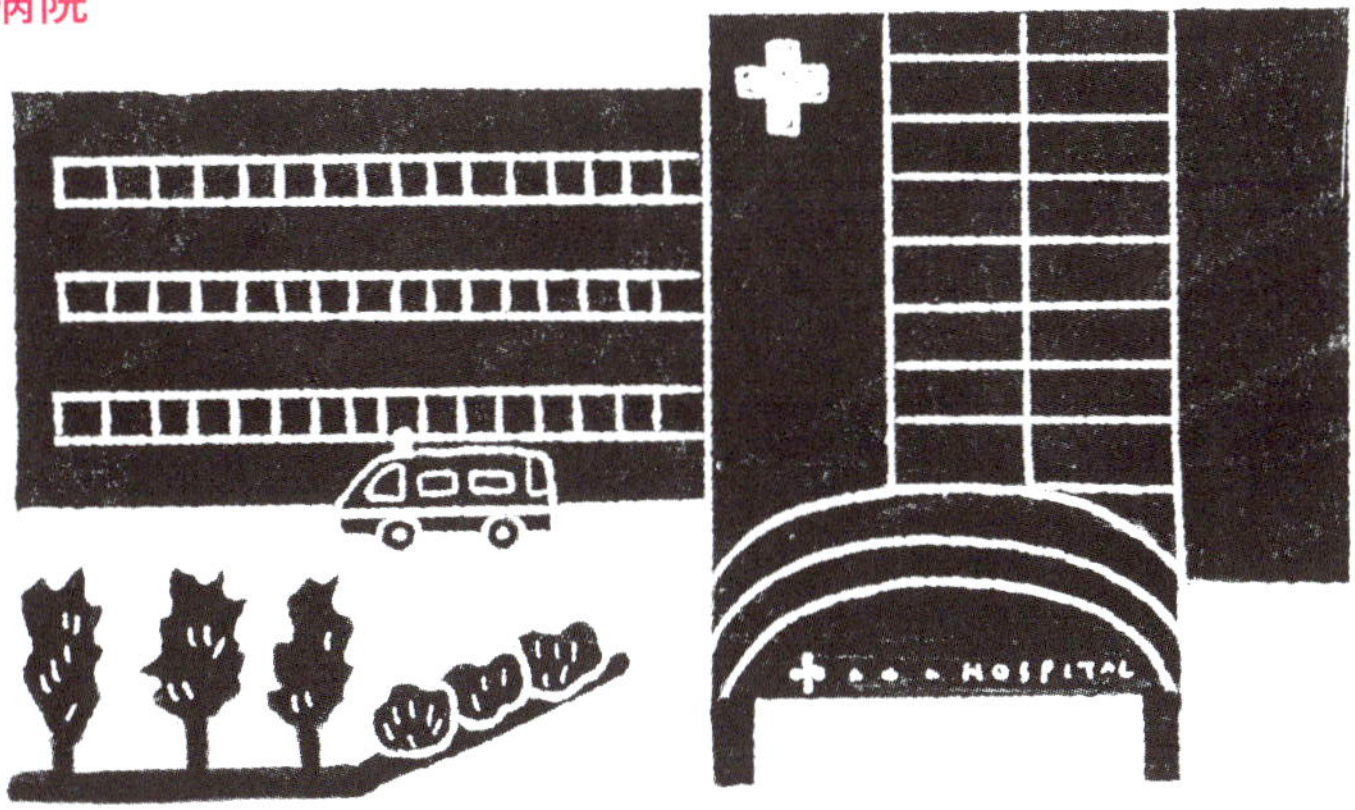

国際法で攻撃が禁じられている施設

ジュネーヴ諸条約やハーグ陸戦条約といった戦時国際法では、民間人に対する攻撃や、学校などの教育施設、病院などへの攻撃は禁止されている。そのため避難先として候補に挙げられるが、皆が一斉に殺到したら、実際に保護や治療を必要する人々が中に入れないという事態が生じてしまうかもしれないまた、現代においては、毒ガスを使ったり、民間人を攻撃したり、捕虜を虐待したりといった非人道的な行為が明らかになれば、世界中の国々から非難されることは必至であり、攻撃する側としてもそうした行為はできれば避けたいというのが実情だろう。

ということは、民間人であるわれわれは、攻撃の対象とはならないはずである。しかし、実際のところはどうだろうか。こうした戦時国際法は加盟している国々にのみ適用されるものであって、世界のなかのアウトロー的な存在である国家がこれを遵守するかどうかはわからない。そもそも、世界中で起きている紛争をみてみると、民間人が爆撃の被害に遭っていないとも、捕虜が常に人道的な扱いを受けているとも、とてもいえる状況ではなかろう。毒ガスも使われているし、学校が襲われることだって、しばしばある。民間人を守ってくれるはずの国際法が十分に機能しているとは、とてもいえないのが現状である。

爆撃を避けるために病院や学校などの施設に逃げ込むのは、命を守るために有効な方法のひとつではあろう。しかし、実際に爆撃を受けそうだというときに周辺の住民のすべてが逃げ込めるかどうかは不明である。小さな施設であれば入れる人数に限りがあるだろうから、警察や軍によって入場が規制される場合もある。逃げ込む場所の候補として考えておくのもいいが、絶対ではないと心得ておかなくてはならない。

国際法で禁止・制限されている行為

- 休戦旗、赤十字旗を掲げての軍事行動
- 遭難信号を不正に使用すること
- 敵国の軍服や標識の使用
- 非戦闘員への攻撃
- 降伏した兵士に危害を加えること
- 文民（一般人）への攻撃、強制的な移送
- 対人地雷、化学兵器の使用　など

戦時下でも法はある……のだろうか

戦時下でも法はある。しかし、国家内であれば法を破った者を取り締まる警察組織や刑罰があるが、世界にはそれがないのが実情。民間人は攻撃されない、化学兵器や細菌兵器は使われないとは、とてもいいきれない

自分がとるべき行動を決める

自分の国の軍はもはや機能せず、敵兵がいよいよ上陸。自分が住む地域に進軍してきているという話が伝わってきた。このとき、あなたはどのような行動をすべきだろうか。

この行動を決めるときに最も重要なことは、相手がどういう目的で戦争を仕掛けてきているのかである。戦争を仕掛ける理由はいろいろと考えられる。もしかしたら、国土のなかにある資源が欲しいのかもしれないし、領土を広げたいだけかもしれない。もしくは、以前に侵攻されたことへのうらみや復讐心でもって攻撃を仕掛けてきているのかもしれない。

それによって、実際に敵兵がわれわれをどう扱うかを予想できる。侵攻してきたとしても、今ある施設や組織をそのまま使って統治したいと考えていれば、むやみやたらと民間人を殺害したり、町を破壊したりはしない。統治をするのに民間人が反感をもつような行為はできるだけしたくないだろうし、施設や設備を破壊してまた一からつくり直すのは大きな手間だからである。また、もし資源が欲しいのであれば、労働力として、できるだけ民間人を残しておきたいと考えるのが普通だ。

もし、敵国の兵士が一般市民を人道的に扱っているという確かな情報があれば、そのまま自

正しい状況判断をして行動を決める

敵兵が近づいてきたときに考えられる選択肢は、大きく分けて3つ。占領下で捕虜になるか、逃げるか、戦うかである。敵がどのような目的で上陸し、市民をどのように扱っているかを見極めたうえで、生き残れる可能性が高い選択をする

宅に残り、備蓄をしっかりとしたうえで敵兵を待つという選択肢もあるだろう。

しかし、そうではないこともある。たとえば民族浄化が目的であれば、虐殺されるかもしれない。うらみや憎しみが根源にあるのならば、もし捕らえられれば拷問を受けた末に虐殺されることもある。この場合は、逃げるしかない。必要最低限の荷物を持ち、家族とともに敵軍からできるだけ離れなくてはならない。といっても、敵軍の位置や規模の正確な情報を手に入れることは難しいだろうから、とにかく内陸方向に、人があまり住まない方向に逃げるしかない。

もうひとつの選択肢は、戦うということ。生き残れる可能性は低くなるが、ただ殺されるのを待つよりはましな選択ではないだろうか。

疎開を検討する

あなたが今、暮らしている場所は、どのようなところだろうか。何十万人もが暮らす大きな都市のマンションだろうか、それとも都市近郊の住宅街だろうか、あるいは周囲数㎞は人が暮らしていない山中だろうか。

敵兵が近づいてきたときに、どこで暮らしているかということはとても重要だ。もし、大都会のマンションに暮らしていれば、周囲に人がたくさんいて心強いことは確かだろう。だが、人が多い場所は砲撃などの目標になりやすいし、よくも悪くも人々の集団心理によって行動が左右されることが多くなり、間違った判断をしてしまうことも考えられる。ならば、侵攻のおそれを感じたなら、人が多くない田舎に生活の場を移すということも考えたほうがいい。

人が少ない地域で暮らす最大のメリットは、攻撃されるおそれが少ないということだ。都市部であれば一発の爆弾で数百人、数千人を殺傷することも可能だが、人が少なければ同じ爆弾で殺傷できる人数は大幅に減る。そのため敵がわざわざ人里離れたところを砲撃することはないだろうし、制圧のために送り込む兵士の数も少ないにちがいない。戦争時に、より安全な場所とは、つまり敵にとって攻撃する利点がなかったり、攻撃するのに効率が悪い地域ということ。女性や子供だけというと犯罪に巻き込まれる危険もあるが、戦火を逃れるには、人が少ない田舎が最も都合がいい場所なのだ。

しかも、自然が多いところは、隠れる場所や備蓄をしておける場所がたくさんある。敵兵から逃げるにしても、街中より森のなかに逃げ込んだほうが追われる危険性が低いし、あらかじめ何ヶ所かに食料や装備を備蓄しておけば、数日間は山にこもることもできる。そして、いざとなれば川に流れている水を飲むこともできるし、山には食べることができる植物や動物もたくさん存在する。日本の森の場合は広さがないので限界はあるかもしれないが、もしこちらがゲリラとなって戦いを挑むにしても、間違いなく森に潜んだほうが隠れやすいはずだ。

田舎は都市部より危険が少なく、サバイバルしやすい

攻撃される危険性が低いのは、間違いなく都市部より田舎だ。しかも、サバイバルの技術と道具を持っていれば、森のなかで生きのびることもできる

占領下での生活

占領下での暮らし方

現実問題として、大量の敵兵がやってきたときに一般市民が脱出したり武器を取って戦闘行為をしたりすることは、かなり難しいといわざるをえない。もし小さい子供などがいればなおさらだろう。敵軍に完全に占領されてしまったときには、その命令に従うしかない。しかし、占領下での生活とは一体どのようなものであろうか。

まず考えられるのは、戒厳令が敷かれ敵軍に管理はされるが、それまでとほぼ同じ状態で暮らせるというパターンだ。もし、爆撃などによって自宅が破壊されていたら、第二次世界大戦後の日本のように、バラック暮らしを強いられるかもしれないが、敵軍が必要がない限りにおいて文民に危害を加える意思がないというのであれば、行動は制限されるだろうが家族とともに生活できるだろう。いずれにせよ、このような場合は、われわれは人質だ。市民がそこに暮らしていたら、奪還のための攻撃がしにくくなる。つまり人間の盾になるのである。

あるいは、市民全員が一ヶ所に集められるということもある。公民館や学校、スタジアムの

占領下では行動の自由が制限される

敵軍によって占領されれば、暴動や反乱行為などを防ぐために移動の自由が制限されるだろう。きっと要所要所に検問所が設置され、通る人をチェックするはずだ。また、当然、夜間の外出も制限されることになる

ようなところが収容所代わりとなり、そこでの集団生活を余儀なくされる。労働力としてわれわれを使いたい場合などは、このほうが相手にとって都合がいいだろう。場合によっては、皆殺しにしてしまおうと考えているときもこうするにちがいない。

いずれにせよ、食事は敵軍による配給制となる。これはなにも人道的に全員に食事を分け与えたいからというわけではなく、食事の量で市民の人数を把握し管理するためである。敵軍の管理下にあっても最低限の健康的な生活はできるはずだが、贅沢な暮らしや自由な暮らしはもう望めない。

自宅で家族と一緒に暮らすことができた場合の注意点は、とにかく地味に、静かに暮らすこ

とだ。敵軍に対してあからさまに反抗的な態度をとったり、やたらと近づいていったりする行為は慎むべき。敵軍が恐怖によって市民を支配しようと考えていれば、見せしめに処刑されることもある。目立つことは百害あって一利なしだ。また、敵軍が近くにいないときでも、敵軍に気に入られようと密告する人は必ずいるので、自国民だからと気を許してはならない。

同じ国の人間だからといっていい人間とは限らない。自国民のなかにも、戦争の混乱に乗じて悪事を働こうと考える者が必ず発生する。そういう卑劣な犯罪者の標的にならないためにも、やはり目立たないようにしていることが大切である。自分たちを守る法律はもうないのだ。

雨戸があれば昼間でも閉める。カーテンだけでも閉めて家の中が見えないようにして、物音もできるだけ立てずに生活する。話すのもあまり大きな声でしないほうがいいし、もし料理をするにしても、匂いが外に出ないように気を使うべきだ。もちろん、夜間に明かりを灯すのも控えたほうがいい。とにかく周囲に存在を知られないようにして暮らすのが一番だ。

また、銃撃や砲撃があるおそれもあるので、ガラス窓の近くで寝ないようにし、いつでも逃げ出せるようにゴーバッグと靴を枕元に置いておくこと。もしも家族とはぐれてしまったときのために、どこをランデブーポイントにするか、どうやって連絡をとり合うかもしっかりと話しあっておかなければならない。

生活している様子が外から見えないように

自宅が爆撃などで破壊されず、家族で暮らすことができたなら、地味に目立たないように生活をするべきだ。日中でも雨戸やカーテンを閉めて、外部からできるだけ見えないようにし、生活の音や匂いも、できるだけ外に出ないようにする。夜間の明かりも最小限にしたい。敵軍だけでなく自国内の犯罪者にも注意する

治安の悪化

敵国の軍隊に規律が存在していても、はみ出し者の兵士は必ずいる。事実、第二次世界大戦時、アメリカ軍が沖縄に上陸したときには駐留米軍兵士による強姦事件が後を絶たなかったし、戦後、本土でも兵士が集団で施設や一般家屋に押し入り暴行、殺人、強姦を行った事件が記録されている。凶悪犯罪を行う兵士はどんな国にもいると認識しておくべきだ。

しかし、怖いのはこうした敵国の軍隊だけではない。自国内で増える犯罪者にも大いに注意する必要がある。

敵国の占領下で食物や生活物資の生産が滞ったり、トラックや船舶などの輸送手段が分断されたりすると、食料不足や物資の不足が起こる。そうなったときに増えるのが強奪や強盗を行う犯罪者だ。また、当然、強姦などの性犯罪も増加するだろう。自国の警察も機能していないため、こうした人間は必ず増えることになる。なかには攻撃によって親を亡くした若者や、家をなくした者が仕方なく犯罪に及ぶというケースもあるだろう。未来に希望が持てずヤケになっている人間は、何をするかわからないので注意が必要だ。

こうした犯罪者から身を守るには、やはり目立たないような暮らしをすることが一番である。

危険なのは敵軍だけではない

戦争になって治安が悪化すれば、同じ国民の犯罪者が増加するのは間違いない。凶悪犯罪を起こすおそれもあるので、気をつけて生活をしなければならない

派手な身なりは避けること。もし出歩くときには、むしろ薄汚れたくらいの服装でいたい。また、可能だとしても夜間の外出は避け、人通りの少ない道は歩かないようにしなければならない。もちろん、子供だけ、女性だけの外出は控える。犯罪に巻き込まれないようにするためには、犯罪が起きそうな場所に行かないというのが最も効果のある方法だ。

外出時には、すでに述べたようにベースラインを意識し、犯罪の予兆を見逃さないようにする。怪しい人間や車が止まっていたら、近づかないことだ。それでも強盗や強奪に遭ってしまったら、素直に要求されたものを差し出すしかない。相手も必死なだけに、無駄な抵抗をすると怪我をしたり命を落としたりしかねない。

自宅でできる防衛手段

犯罪の手は、自宅の中にまで及ぶおそれがある。そのことも考え、あらかじめ自衛措置をしておくべきである。まず、前述したとおり、雨戸は、在宅時でも、昼間でも閉めておくこと。外から中の生活している様子が見えないようにしておきたい。

自宅の敷地内に侵入者があった場合にすぐわかるようにしておくことも有効だ。たとえば、簡単なものだと家の周りの犬走りに砂利を敷いておくだけでも、人が歩くと音がして侵入者を知らせてくれる。ホームセンターなどで販売されている防犯用の砂利というものを敷くと、さらに大きな音が鳴るので平時のうちに準備しておきたい。防犯用のセンサーやカメラといったものもたくさん販売されているので、取り付けておくといいだろう。

また、信頼できる近所の人々と協力しあうことも大切だ。日頃からコミュニケーションをとるようにしておけば、不審者の発見や侵入者が出たときに大いに頼りになるはずである。

あとは、侵入者が家族に害を及ぼすような状況を考え、何か武器となるものを家の中に隠しておいたほうがいいだろう。バットでもゴルフクラブでもいいし、ただの木の棒でもいいので、とっさに使えるよう数ヶ所に隠しておくべきである。

防犯用の砂利で人の侵入を察知する

家の周りの犬走りやベランダなどに砂利を敷きつめておくと、侵入者が踏んだときに音が発生し、その存在を知らせてくれる。より大きな音が鳴る防犯用の砂利も販売されているので、これを使ってみるのも手だ

いざというときは近隣の人と団結する

自警団とまではいかなくとも、やはり近隣の住民同士での協力は防犯上、必要なものだ。日頃からコミュニケーションをとって、親睦を深めておきたい

シェルター、セーフルームをつくる

海外では、強盗など不法侵入者が室内に入ってきてしまったときに避難するためのセーフルームを備えた住宅もある。侵入者に気づかれないように隠し部屋になっていることが多く、たとえその存在が気づかれたとしても、頑丈なので外から開けることはできない。トイレや電源、外部との通信設備や住宅内の様子を見られるモニターを装備したタイプもあり、水や食料を備蓄しておけば、立派なシェルターとして使うことができる。こうした施設をあらかじめ自宅に設置しておけば、もしものときに役立つ可能性が高い。

さらに、地下に設置する本格的なシェルターも販売されている。こうしたシェルターであれば、核攻撃や生物・化学兵器にも対応できるのでさらに安心感が増す。どこまでやるかはその人次第だが、設置を検討する価値はあるだろう。

こうした立派なセーフルームやシェルターの設置は無理だとしても、侵入者があったときに逃げ込む場所は決めておいたほうがいい。どこか一室、ドアがひとつしかない物置などに内側から鍵をかけられる錠を付ければ、簡易的だがセーフルームとなる。中には、武器となるものや、外部に脅威を知らせるためのホイッスルなどを置いておくようにするといいだろう。

侵入者があったときに隠れられる場所をつくっておく

自宅内にもし侵入者があったときに、隠れられる場所をつくっておけば安心。核攻撃や生物・化学兵器に対応できるシェルターをつくるという選択肢もある

情報収集を行い、次の行動を考える

占領下においては、まずは占領された現在の状況のベースラインというのを把握しなければならない。占領が始まった初期の段階であれば、可能性は少ないが、われわれを殺戮したいのか、それとも統治したいのか、敵軍の目的を知る必要がある。もし殺戮となったらすぐに逃げなくてはならないし、むやみに殺されることはないとわかれば、今度はいかに目立たないで暮らすかを考えなくてはならない。

占領下では、ただ外を出歩くだけでも兵士と勘違いされ攻撃されたり尋問されたりするおそれがある。もちろん、男同士が徒党を組んで歩くこともできない。できれば敵軍に支配されていない地域に逃げるべきではあるが、こうした状況のなかで逃走を試みるのはかなりリスクが高い行動だ。ほとんどの人は、そこで暮らしを続けていくよりほかないだろう。

戦争状態にあったレバノンやシリアでも、そこで暮らしていた人が大勢いる。逃げればいいのにと思うのだが、彼らにはほかに行く場所がない。だから爆撃を受けてもその地域に住み続けるのだ。おかしな話だが、人はそういう状態でも、こちらが驚くくらい普通に洗濯をして、食事をして、睡眠をとるという暮らしを送っている。多くの人の命が失われ、毎日、悲しいこ

目立たない格好で周囲をパトロール

よほどのことがなければ、敵兵に攻撃されることはない。そんな状況においても、情報収集は続けたい。戦況の変化によって逃げ出すことができるかもしれない

とが続くとしても、いつの間にか戦争のなかでの暮らし方が身についてしまうのだ。

しかし、そのような暮らしを続けながらも、周囲の観察や情報集めを怠ってはいけない。敵軍の態度が突然変わって市民を攻撃しはじめるかもしれないし、もしかしたら戦況が変わってどこかに逃げることができるようになるかもしれない。常に、ベースラインと、ベースラインを乱す波紋を見逃してはならない。

また、もしも戦況が変わったときのために、逃走に使える道路や検問の場所、あるいは、もしあるなら地雷原の場所なども調査しておくべきだ。状況を的確に分析し、次に起こすべき行動を決定する。そのためには、正しい情報を集めることが何より重要である。

敵軍の目的

まず最初に知る必要があるのは、敵軍がどういうつもりでわが国を攻撃し占領したのかということ。万が一、国と国民を殲滅したいという過激な目的であるならば、虐殺が行われる前に家族を連れてできるだけ遠くへ逃げなくてはならない

敵軍の規模や装備

敵軍にはどれぐらいの人数がいるのか、その装備や兵器はどうか。さらに士気の高さ、練度の高さ、統制はとれているのかといったことも知っていたい

現在の戦況、これからの見通し

戦況がどのように変わっていくのかを予測。観察と予測を続けなければ、行動すべきときに必要な準備ができていないということになりかねない

通れる道路、検問所の位置

避難や逃走に使える道路をあらかじめ調べておく。要所には警備が厳重な検問所が設けられていたりもするので、これもチェック

女性はとくに目立たないように

敵国に占領されている状態であれば、女性は丸坊主にし、できるだけ汚い格好をしていたほうがいい。もちろんメイクなどをしてはいけない。

すでに述べたように、戦争に強姦はつきものである。おそらく、これまで強姦をしなかった軍隊などなかったのではないだろうか。しかし、もちろんそうした行為は軍人の仕事として行われるものではない。大抵の軍隊であれば強姦は犯罪行為であり、犯罪行為をした兵士は軍のなかで犯罪者として裁かれることになる。となると、もし強姦をした犯罪者が犯行を隠すためにはどうするのが手っ取り早いか。答えは簡単で、強姦した相手を殺してしまうことである。

女性は強姦されそうになったら、殺害されることも覚悟しなくてはならない。だから、まずは強姦という犯罪の対象にならないようにしなければならない。そのために、してはいけないのは、女性らしい髪形、そして女性らしい服装、女性らしい動きである。

洋服は長袖・長ズボンにして、肌を露出しないようにする。派手な色合いではなく、体のラインが出ないようなスタイルのものが好ましい。服がきれいすぎるのであれば、わざと汚してもいいだろう。もし外出するときには、身を守るためにマスクをしてうつむいて歩くようにする。

汚れた格好が自身を守る

犯罪者に目をつけられたくなければ、女性らしい服装は控えるべきである。髪形は、我慢をして丸坊主。体のラインが出ないダボついた服で、できるだけ不潔に見えるように汚れていたほうがいい。もちろんノーメイクだ

降伏する技術

敵意がないことをアピールする

降伏とは、敵対していた兵士が戦闘行為をあきらめて相手に服従することである。よって、民間人が降伏することは基本的にはないのだが、ここでは単に、こちらに戦う気がないことを相手に知らせることを降伏と呼びたい。

降伏というと、簡単で安全な行為のように思えるかもしれないが、そうではない。たとえば白旗を揚げることが降伏のサインということを知っている方は多いだろうが、もし激しい戦闘中に白旗を揚げて物陰から顔を出したら、銃で撃たれてしまうおそれのほうが大きい。また、敵兵が潜む物陰に武器を捨て手を上げて近づいていっても、同様に撃たれてしまうだろう。なぜなら、相手からしたら武器は持っていないように見えても爆弾を体に巻いているかもしれないし安心できるものではないからだ。それに、戦闘中に捕虜を取っても扱いに困るし、そのメリットもないのだ。となれば、撃ち殺してしまうのが最も安全な対処法なのである。

まずは、降伏するのも命がけだということを覚えておかなくてはならない。そのうえで、安全に降伏するためにはどうすればいいかを考えてみよう。

前述したように、戦闘が続いている状態で白旗を揚げても撃たれてしまう。降伏の意思を伝えるためには、相手が精神的に落ち着いているタイミングを見計らう必要がある。そして、何より大切なのが、ゆっくりと動くことだ。歩くのも、手を上げるのも、ゆっくりと。近づいたら手の指を広げ腕を上げたままゆっくりと体を回して全身を相手に見せ、相手の指示に従う。このときも動きはゆっくり。上着は着ていないほうがいいだろう。速い動き、突然の動きは相手に警戒心を抱かせてしまう。戦争中であれば、相手は引き金を引くのに躊躇などしない。警戒されたら即、引き金を引かれると考えなくてはならない。

歩いていて兵士に後ろから呼び止められたときや、車に乗っていて停止と降車を命じられたときも、同じようにすべてをゆっくりとした動作で対応しなければならない。敵意がないことを示すために両手を上げるが、このときも、ゆっくりとした動作にする。もし呼び止められたのであるなら、即座に撃つ気はないということなので、刺激をしなければ無事に済む可能性は高い。こうした状況でゆっくり手を上げるというのは難しいものだが、慌てずに動くことだ。もちろん逃げる素振りを見せるのもよくない。そして、もし一発でも撃たれたら、必ず倒れて動かないでいること。動いてしまうと、とどめを刺そうと何発も撃ち込んでくるはずだ。

何をするにも ゆっくり動くこと

こちらに戦う気がなく服従する意思を表示するには、両手を高く上げるか頭の後ろで組むかして、ひざまずく姿勢をとる。このとき、急激な動きを見せると撃たれてしまうので、すべての動作をゆっくりと行わなければならない

どんな行動をするのか相手に知らせてから動く

車に乗っていて停止を命じられたときには、まず両手を上げたあとに指先でドアを開けることを知らせてから、ゆっくりとドアノブに手をかける

後ろから敵兵に呼び止められたら

もし銃を持った兵士に後ろから呼び止められたら、いきなり振り向いたり両手を上げたりしないように注意しなくてはならない。まず、その場で動きを止めてからゆっくりと手を上げて、抵抗する意思がないことを示す。そのあとは相手の指示に従って行動する。慌てて走って逃げようとすれば撃たれるだけだ

捕虜や捕らわれた民間人の扱い

袋を被せられる

映画などではよく見る光景かもしれないが、実際にこの状態になったときの息苦しさと恐怖は、とてつもなく大きなものである

もし捕虜になったり捕らわれたりしたときには、まず手足、もしくは手のみかもしれないが、拘束され自由を奪われる。紐やロープで後ろ手に縛られるか、結束バンドで固定されることになるだろう。後ろ手にきつく固定されるという状態がどのようなものか知らない人も多いと思うが、実に大きな不安を感じるものである。

さらに、頭に布袋を被せて周囲が見えないようにするということも行われる。この布袋も被ってみるとわかるのだが、息を吸うたびに口や鼻に張り付いて呼吸がしにくく、大変な息苦しさを覚えるものである。

後ろ手に縛られ、さらに袋を被せられると、

後ろ手に拘束されうつぶせに

紐や結束バンドで後ろ手に縛られたら後ろから膝を折られ、強制的にうつぶせにさせられる。あるいは頭に袋を被せられ、壁に手をついた状態で放置される。もし動けば殴られる。そうやって、こちらの抵抗力を奪っていくのだ

不安感はとてつもなく大きくなる。視界も利かないので、いきなり頭をはたかれたりすると、その衝撃は実際以上に感じられるし、身動きがとれない状態で何をされるかわからないという不安と、呼吸が激しくなるほど増す息苦しさとが相まって、恐怖が全身を包み込む。それだけでパニックになってもおかしくないほどだ。

拘束されたあとにどうなるかは誰にもわからないだろう。収容所送りになるかもしれないし、激しい拷問を受けるかもしれない。あるいはプロパガンダ映像に使われて処刑されたり、銃殺されたりといったことも考えられる。実際にそうした非業の死を遂げた人は人類の歴史で何十万人、何百万人といる。自分がそのひとりになったとしてもなんら不思議ではない。

拷問を受ける

想像したくもないが、拷問を受けるおそれはある。こちらがどんな情報を持っていようがいまいが関係ない。ただ痛めつけるためだけの拷問もある

収容所に集められる

どこかに設けられた収容所送りになるということもある。それは、どこか遠いところにある収容所かもしれず、激しい労働を強いられるかもしれない

処刑される

あってはならないことではあるが、拷問されたあげくに処刑されるということも戦争では大いにありうることだ。無念というよりほかはない

プロパガンダに使われる

政治的、宗教的な主義主張のためのプロパガンダに利用されることもある。自分の首を切られる様子を映像で記録され、世界中に配信されるということも

敵軍に捕まる前に食べておけ！

降伏するということは、敵軍に身を委ねるということであり、思った以上に厳しい扱いを受けることもある。そうなったときでも安定した精神を保つには、次に述べる心構えが必要だ。まず、何も期待しない、そして後悔もしないということ。がっかりするのは、何かを期待するからだし、落ち込むのは後悔するからだ。敵もそういう理不尽に耐えられない心理を利用し、こちらを苦しめ生命力を低下させる。落ち込んだり後悔したりすることは、生きるエネルギーを奪い去るので、そのような心理状態になることは避けなければならない。

軍隊の訓練では、今苦しい訓練をこなしておけば、明日の朝食はおいしいものが食べられるなどといっておいて、朝食は出さないというような訓練を繰り返し行うという。そうやって隊員から期待する心を奪っていき、理不尽な事に対する免疫をつけさせるのだ。

また、いつか逃げるチャンスがきたときのために体力を残しておくようにすること。そして、怪我をしないようにすることも大切だ。もし降伏するなら、その前に持っている食料は全部食べてしまおう。そのあとはなるようになる。それぐらいの覚悟と潔さがなければ、戦争という理不尽な世界で生き残ることはできないと心得よう。

敵に捕らわれたときの心構え

- 期待しない
- 後悔しない
- 無駄な抵抗はしない
- 状況把握に努める
- いつかくるチャンスに備え怪我をしない

暴行を受けたときの姿勢

頭と耳を手で守り、体を丸めて小さくなる

相手兵士から、一方的な暴行を受けるということも考えられる。しかし、そのときに無駄な抵抗をしたらよけい痛めつけられるだけだ。いつかくるチャンスに備え、頭と耳を守り、肋骨を骨折しないよう体を丸めて小さくなり攻撃に耐える

COLUMN
4

軍事用ドローンとは

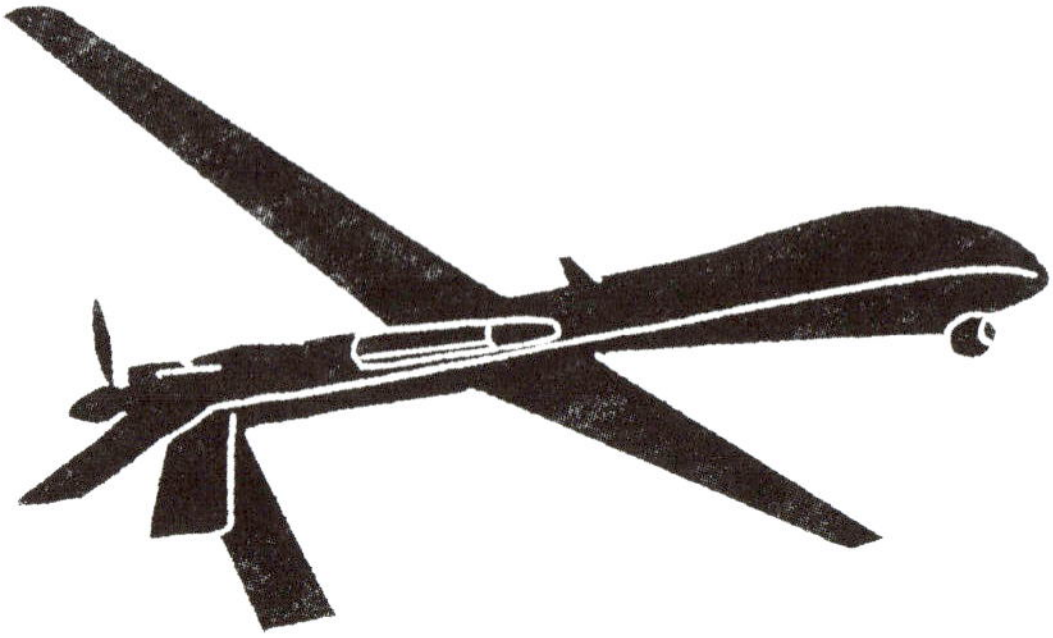

偵察・攻撃行動を無人で行うドローン

もともと軍事用として開発されたドローンは、いまや戦争になくてはならないものになっており、各国の開発競争も激化している

近年、多くの実戦で無人航空機のドローンが使用されている。そのメリットは、遠く離れた場所から操作できること、撃ち落とされても人的被害が出ないことだ。操縦者はゲームのようにモニターを見て爆撃やミサイル攻撃を行えるのである。AI（人工知能）による最適なルート選び、空中給油、空母への離発着を自ら行う技術も開発されており、将来は有人の戦闘機はなくなるという予測もある。

また、航空機だけでなく陸海の兵器の無人化も進んでいる。いつか人と人が戦うのは過去の話になるかもしれない。

STAGE 5

戦場を生き抜く技術

戦場で何が起きるのか

想定される攻撃

弾道ミサイル攻撃や空爆のあとに敵軍が上陸してきたら、さまざまな場所でさまざまな様相の戦闘が行われることになるだろう。いよいよ自分の国が戦場と化してしまうのである。では、実際の戦場では一体どんな攻撃を受けることが考えられるのだろうか。

最も想像しやすいのは銃撃ではないだろうか。きっと歩兵と歩兵がアサルトライフルを撃ち合う銃撃戦がいたるところで発生することになる。一般市民であってもそうした撃ち合いに巻き込まれるかもしれないし、自分がターゲットになって銃撃されることもあるだろう。凄まじい勢いで連続して弾丸をばらまく機関銃で狙われたら、厚いコンクリートの壁の陰に逃げ込むしかない。あるいは歩兵が手で投げる爆発物であるグレネードや、ＲＰＧといわれる兵士が携行できるロケット砲、周囲を焼き尽くす火炎放射器で攻撃されることもあるかもしれない。兵士が持つ武器は多種多様で、どんな攻撃をしてくるかわからないのだ。

周囲では戦車が轟音を上げて進み、重機関銃を積んだ歩兵戦闘車が何台も走り回っている。

敵と味方が入り乱れての銃撃戦が勃発する

地上戦になれば、各所で激しい銃撃戦が発生することになるだろう。不用意に歩いていたらスナイパーライフルで遠距離から狙撃されることもありうる

もし人間が50口径の重機関銃で撃たれたら、被弾箇所の大部分は真っ赤な霧となる。数発もらおうものなら人の体は散り跡形も残らない。空を見上げれば対地上攻撃ヘリコプターが猛スピードで飛んでいるかもしれない。

あるいは、ただ町を歩いているときに数㎞先に潜むスナイパーのスコープに捕らえられているおそれだってある。遠距離からスナイパーライフルで頭を狙撃されたら、撃たれたことにさえ気づかないうちにあの世行きだ。

迫撃砲による砲撃も恐ろしい。迫撃砲は砲弾を高い角度で打ち出す火砲で、口径は60㎜から120㎜程度。軽量で持ち運びもしやすいため歩兵の標準的な装備であることも多い。弾道は放物線で射程はそれほど長くなく、命中精度も高くはないのだが砲弾の破壊力には凄まじいものがある。砲弾が上から落ちてくるので前に遮蔽物があっても役に立たず、1分間に10発以上の砲弾を発射して面で制圧してくるため、攻撃される側はただ身を低くして耐えるしかない。迫撃砲を撃ち出すポンという音が聞こえたら「終わった」と思うぐらいの恐怖を感じるし、当たるか当たらないかは運次第としかいえない。

また、こうした砲撃で毒ガスをまかれるおそれもある。マスタードガスなどの毒ガスは、致死性が高いだけでなく浴びたものに極めて大きな苦しみをもたらす。自分や家族が被害に遭うのはなんとしても避けねばならない。もしも毒ガスの危険性を感じたら、とにかく逃げることだ。風下に逃げると毒ガスが風に乗って迫ってくるので、逃げる方向は風上である。毒ガスがまかれたのかどうかはすぐにはわからないので、毒ガスがまかれるかもしれないという心構えを常にもっておき、危険を感じたら即座に行動しなくてはならない。

相手の兵士が見えない場合でも、地雷や爆弾が仕掛けられていることが考えられる。地雷には踏むと起爆装置が働く圧力式のものや赤外線センサーで作動するものもあって、もし仕掛けられていても発見するのは極めて難しい。道端に置いてあった邪魔なものを動かしたとたんに爆発するようなブービートラップもあるだろうし、あるいは単なる爆弾が道端の岩陰に置いてあって、誰かが通ったときに遠隔操作で爆破させるという方法もある。

破壊力をもつ迫撃砲

近距離用の迫撃砲は、凄まじい威力で周辺一帯を破壊する。上空から落ちてくるので前に壁があっても防ぐことができず、歩兵にとっては恐ろしい武器だ

無差別な毒ガス攻撃

化学兵器や生物兵器が使われる可能性も否定できない。毒ガスがまかれたかもしれないと思ったら、とにかく逃げるしかない

使われる武器

ここでは、現代の戦争で使われる武器や兵器を、使う場所別に紹介する。

まず空を担当するのは、当然、航空機である。レーダー網にひっかかりにくい偵察機や、高性能レーダーを備え上空から敵味方の飛行機を探知し警戒する早期警戒機、高高度から精密爆撃を行う爆撃機、地上の基地や戦車、歩兵を攻撃する対地攻撃機、敵の航空機との戦いを繰り広げる戦闘機、ヘリコプターなど、さまざまなタイプのものがある。

海で使われるのが、艦艇だ。こちらも、航続距離が短い航空機を載せる航空母艦や、高性能レーダーを積み、極めて優れた攻撃能力をもつイージス艦、ミサイルを積むミサイル艦、気配を消して海中を進む潜水艦といったものがある。古くから海軍の象徴的存在だった、巨大な艦砲をもつ戦艦は、現代の海軍ではあまり使われなくなっている。

地上は、大口径の砲塔をもつ戦車や、歩兵を乗せて運ぶことができ、なおかつ強力な火器も備える歩兵戦闘車、兵員輸送車、自走砲など。アフリカなどでは民間のピックアップトラックに機関銃を積んだテクニカルと呼ばれる車両もよく使われる。古くは走行装置にキャタピラを用いたものが多かったが、現代ではゴムのタイヤを用いるタイプの車両が中心になっている。

航空機

空からの攻撃や防備を行う航空機は、航空機同士で戦う戦闘機、爆撃を主目的にする爆撃機など、攻撃の方法や能力によってさまざまなタイプに分けられている。戦闘ヘリコプターも強力な航空兵器として知られている

戦闘車両

キャタピラ音を響かせながら走る戦車や、タイヤで走る装輪装甲車、歩兵を乗せて運ぶ兵員輸送車などがある。歩兵を運ぶ車両でありながら強力な火器を備えた歩兵戦闘車は、戦車か、それ以上の攻撃力をもつとされる

艦艇

現代の海軍の中心となるのは、何百機もの航空機を搭載する航空母艦。索敵能力や対空・対艦・対潜水艦攻撃能力に優れるイージス艦も多く導入されている。そのほか、ミサイル艦や、海中で隠密に行動する潜水艦もある

トラップ

対人地雷は地面や地中にセットしておくと踏んだ圧力によって爆発する。負傷させることで戦闘力を弱めるため、あえて死なない程度まで殺傷能力を抑えているものもある。攻撃対象も無差別で、非常に残酷な兵器といえる

銃器

最も数の多い武器が、この銃器だろう。歩兵のほぼ全員が持つアサルトライフルのほか、ハンドガン、機関銃、スナイパーライフル、ショットガン、グレネードランチャーなど、さまざまなタイプが揃っている

航空機による攻撃のおそれ

地上にいる人が航空機の攻撃を受けるとなれば、危険性が高いのが爆撃機による爆撃、戦闘爆撃機などによるミサイル攻撃などだ。また、機関銃や機関砲による機銃掃射という攻撃方法もある。

もし機関銃や機関砲で機銃掃射されれば、地上にいる人間はひとたまりもない。実際に第二次世界大戦のときにはアメリカ軍機が日本軍や一般国民に対して数多くの機銃掃射を行い、甚大な被害をもたらした。しかし、高価な飛行機と弾丸を使って数人の市民を攻撃するのは費用対効果が低く、現在ではあまり使われない攻撃方法である。ただし、車両に対しては別だ。動く車両は戦車と同じと見なされ、対地戦闘爆撃機から機銃掃射を受ける危険性が高い。敵の航空機が飛んでいる状況であれば、車両での移動は絶対してはならない。

戦闘ヘリコプターが対人攻撃をしてくることは十分ありうる。この場合、狙われたら絶望的だ。赤外線探知機を備えているので隠れることはできないし、撃ってくるのは数㎞離れた空中からなので何の予兆もない。それで20㎜や30㎜という大口径のチェーンガンで機銃掃射されれば、あたり一帯は自分も含め数秒で粉々になり、ただの荒地になってしまう。

車は航空機の餌食になる

攻撃ヘリや戦闘機は、たとえ普通の車であっても戦闘地域で走行車両を見たら攻撃目標だと認識する。敵国の航空機が飛んでいる場合は、車での移動は控えなければならない

戦闘車両による攻撃のおそれ

戦闘車両の代表格である戦車の砲弾は、だいたい120㎜。これは、小さな家だったら一発でバラバラに砕け散るくらいの威力がある。壁を抜けてから爆発するものなど弾頭もいろいろで、劣化ウラン弾が使用されるおそれもある。劣化ウランは、装甲の貫通力を高めるだけでなく、放射性物質を拡散させ、のちのちも周囲に健康被害をもたらすとされる。

ちなみに、現代の戦車は暗視装置や赤外線装置も備えており、中から周囲のことがよくわかるようになっている。古い映画だと、のぞき窓から見えないように近づいてグレネードを爆発させるなどということもあったが、現代はそれも不可能だ。

戦車が人に対して主砲を撃つことはほぼないだろうが、代わりに撃ってくるのが50口径や7・62㎜の機関銃だ。この50口径の銃撃というのは凄まじい威力で、戦車以外でも50口径の機関銃が付いているものはすべて気をつけなければいけない。装甲車やジープのような車両に付いていることもあるので、発見されないようにするというのが一番の対策である。

また、中東では家を丸ごとなぎ倒してしまうブルドーザーのような車両もあった。銃器や爆発物で攻撃するわけではないが、これも攻撃される側にとっては恐ろしい車両だ。

戦車の主砲は破壊力があり恐ろしい

戦車の大口径の主砲で撃たれたら、建物の中にいても安心できない。もしこちらを狙っているのがわかったら、即座にその場所から逃げることだ

艦艇による攻撃のおそれ

軍艦から攻撃を受けるとしたら、ミサイルだ。湾岸戦争でアメリカ軍が使って有名になったトマホークのように、ロケットエンジンで水平に飛ぶ巡航ミサイルである。巡航ミサイルは艦船や潜水艦、あるいは航空機からも発射でき、発射してしまえば、あとはあらかじめ入力した目標地点まで勝手に自分で飛んでいく。命中精度は極めて高く、基本的に攻撃目標となるのは重要度が高い軍事施設などである。狙われるのはあくまで施設や設備であり、人ではない。よって、攻撃対象となりうる施設から離れていることが唯一の対策になる。

また、強大な砲塔を持つ戦艦が地上の目標に攻撃を加える艦砲射撃という攻撃もある。いまやそうした戦艦自体が少なくなったため艦砲射撃が行われることは少ないとされるが、敵軍が歩兵の上陸を支援するために艦砲射撃で地上攻撃を行うことは十分に考えられるだろう。

上陸支援ではないが、実際に湾岸戦争でアメリカのミズーリとウィスコンシンという戦艦がイラク軍に対し16インチ砲を合計で1000発以上撃ったという事実がある。この艦砲射撃は威嚇の意味合いも強かったようで、16インチ、つまり40cm以上もある砲撃の威力は敵兵に大きな恐怖を植えつけたという。

ゴムボートは
レーダーに
映りにくいが……

自分が船で逃走する可能性もある。そのときも通常の船であればすぐレーダーに捕捉されてしまう。捕捉されにくいとされるゴムボートを使ったほうが、まだましだろう

トラップによる攻撃のおそれ

対人地雷は国際条約で使用が禁止されているため、製造量が少なくなりつつある兵器ではあるが、一個数百円というコストで簡単につくれてしまうので、いまだに世界中で使われ続けている。この兵器の恐ろしさは、攻撃する相手を選ばないこと、そして爆発しない限り長期にわたり残ってしまうことだ。

地雷を仕掛ける目的は、その場所に入ってこられないようにするため、もしくは出ていけないようにするためである。簡単に、安価にばらまくことができるので、国境沿いに防衛ラインをつくったりするのに使われることもある。地雷ひとつの破壊力は、爆弾などと比べると決して大きくはない。しかし、仕掛けてある地雷を見つけるのは難しいので、人々に大きな恐怖心を与える兵器である。

最近では爆弾によるトラップの脅威も増している。爆弾が道端の岩の陰に置かれていたり、車の中に仕掛けられていたり、道端に落ちている動物の死骸の下に置かれていたりして、人が通ったときに遠隔操作で爆発させるのだ。この攻撃を防ぐためには、道端で怪しいものを見たら決して近づかず回り道をすることである。

対人地雷はわざと人を殺さない

殺すよりも怪我をさせたほうが兵力が落ちるし、精神的な恐怖心を与えられるので、対人地雷はあえて人を殺さない程度の破壊力になっている

一般歩兵による攻撃のおそれ

現代の戦争は市街戦が主で、昔のように数千数万人の歩兵同士が戦線でぶつかりあうような大きな戦いが繰り広げられることはない。しかし、今なお歩兵は軍隊のなかで必要不可欠な存在であり続けている。

戦争状態であれば、敵国の歩兵に攻撃されることはもちろんあるだろう。こちらが明らかに一般市民であり戦闘行為に参加していなくても、無差別に攻撃されることは十分ありうるのだ。相手は本気でこちらを殺害したいと考えているかもしれないし、もしかしたら遊び半分で攻撃してくる場合だってある。

攻撃方法についても、あらゆるものが考えられる。銃器による攻撃はもちろん多いだろうが、こちらが武器を持っていないとわかったり、ただ痛めつけたいと考えていたりするだけであれば、警棒などを使うこともあるだろう。もちろんナイフもだ。

兵士から攻撃を受けないためには、当たり前だが、まず兵士とできるだけ距離を置くことだ。相手がひとりでいることはないだろうし、こちらに銃器などの武器がない限り勝ち目はほとんどない。ならば、攻撃される距離内に入らないことが一番の方法である。

歩兵も人間。いろいろなタイプがいる

歩兵のなかにもいろいろな性格の人間がいる。こちらが一般市民だとしても、面白半分で攻撃してくる者や、残虐行為を働く者がいてもおかしくない。とにかく距離を置くことだ

一般歩兵の主要な武器

一般的な歩兵が持つ武器の中心となるのが、アサルトライフルといわれる銃器である。これは簡単にいえば連射ができる自動小銃のこと。世界中で数多くの機種が開発されているが、有名なものだとソビエト連邦のＡＫ-47やＡＫ-74、アメリカのM16やM４カービン、ドイツのH&K４１６、H&K G36、イギリスのL85などが挙げられる。

もちろん機種によって差はあるが、有効射程距離はかなり長く、それなりの訓練を受けた者が静止している目標を狙うのであれば、１００mならまず命中、２００mでもほぼ命中、３００m先でもだいたいは命中するという

アサルトライフル

歩兵の主な武器はアサルトライフル

歩兵のメインの武器はアサルトライフル。突撃銃とか自動小銃とかいわれるもので、引き金を１回引くだけで連射できたり、数発ずつ点射できたりする

くらいの精度である。

アサルトライフルの装弾数は30発程度で、フルオートで引き金を引きっぱなしにすると3秒もたずに弾倉が空になってしまう。なので、点射といって3発ずつ撃つか、フルオート設定でも3発か4発に分けて撃つのが普通である。ある程度遠い距離でも数mという近距離でも使える、バランスのよい武器といえるのが、このアサルトライフルなのである。

そしてアサルトライフルのほかにハンドガン、つまり拳銃を持つ軍もある。

古くは回転式、リボルバーだったハンドガンも現代では自動式がほとんど。しかし、命中率は持つ人の技量によって大きく変わり、25m離れた人に当てることができればエキスパート、

ショットガン

近距離での破壊力が大きい

一度に数発の弾丸を放つショットガンは、近接戦で絶大な威力を発揮。室内に突入するためドアの蝶番を破壊するときには、単発で大型のスラッグ弾が使われる

遠距離を狙撃するスナイパーライフル

距離があるターゲットを狙うときにはスナイパーライフルが使われる。見えないところから狙われている、撃たれる、というのは人の恐怖心を増大させる

未熟な人であれば５ｍの距離でも命中させられないことも。実は意外と当てるのが難しいのがハンドガンなのである。ハンドガンで代表的なものというと、アメリカ製のＭ１９１１、イタリア製のベレッタＭ92、オーストリアのグロック18、ドイツのシグＰ２２６など。命中率があまり高くなく、射程も短いのであくまで予備的な武器という位置付けであるが、それでもアサルトライフル一丁のみという状態よりは心強い。

　また、歩兵の一部が機関銃やスナイパーライフルを持っていることもある。

　機関銃とは、要はバリバリと撃ち続けられる銃のことで、マシンガンとも呼ばれる。アサルトライフルは弾倉内が空になってしまうと弾切

マシンガン

面で敵を制圧するマシンガン

基本的に弾倉の交換が不要で、弾丸を連続して発射し続けられるマシンガンは破壊力が凄まじい。主に広い範囲に弾幕を張り相手を制圧する目的で使われる

れになってしまうのに対し、機関銃はベルトリンク方式で弾丸を送り込むことで、連続して撃ち続けることができるようになっている。

弾薬を送り込む者と射手とのふたりで射撃を行うのが普通で、ピンポイントを狙うというより、弾幕を張って面で制圧する。ただし、撃ち続けると銃身が熱くなり射撃能力が落ちてしまうため、途中で銃身を交換しなければならなくなる。ちなみに、機関銃に限らず排出された薬莢は非常に熱いものなので、服の中に入ってしまって火傷をすることもある。

スナイパーライフルは、その名のとおりスナイパーが持つライフルだ。狙撃銃ともいわれ、高倍率のスコープを装着している。スナイパーライフルによる狙撃は、２㎞以上の距離で命中

歩兵が携行できるロケット砲

現代では携帯性が高い迫撃砲や対戦車ロケット砲が多く開発されているので、歩兵がこうした破壊力が高い兵器を持ち歩くことも多くなっている

させたという記録もあるが、それほどの長距離だと風や湿度などさまざまな要素が影響するため、命中させるのは至難の業だ。

基本的には800m程度までの距離の狙撃を行うが、それでも十分な長距離である。スナイパーライフルの代表的な機種というと、アメリカのレミントン社のM700や、ドイツH&K社のPSG-1、イギリスのAWM300、バレット社のバレットM82といったモデルが有名だ。

近距離戦では、ショットガンが使われることも多い。一回の発射で多数の小さな散弾を放つ大口径のショットガンは、遠距離の射撃には向かないが、近距離での威力はすさまじく、市街戦、ジャングル戦、室内戦で効果を発揮する。

グレネード

手で投げる小さな爆弾

爆発により周囲数ｍ～数十ｍに破片を飛散させ、範囲内にいる人間にダメージを与えるグレネード。手で投げるという単純な攻撃方法だが、殺傷能力は高い

建物を制圧するときには、先頭に立つ者がショットガンでドアの蝶番を破壊したあと中に部隊が入るという使い方をされることもある。

兵士はほかに、対戦車用ロケットのＲＰＧや、グレネードも携行する。対戦車用のロケット砲であるＲＰＧは、映画にもよく登場するので見覚えがある人も多いのではないだろうか。肩に乗せてプシュッとやるあれである。このＲＰＧは初速が遅く、こちらに飛んでくるのがよく見える。兵士同士の冗談では、飛んできたらバットで打ち返せるといわれるくらいである。そしてグレネードとはつまり手榴弾のこと。ピッと安全ピンを抜いて、敵に向かって投げると数秒後に爆発する。一般の歩兵であれば、これを通常は2～3個持っているだろう。

その他の装備

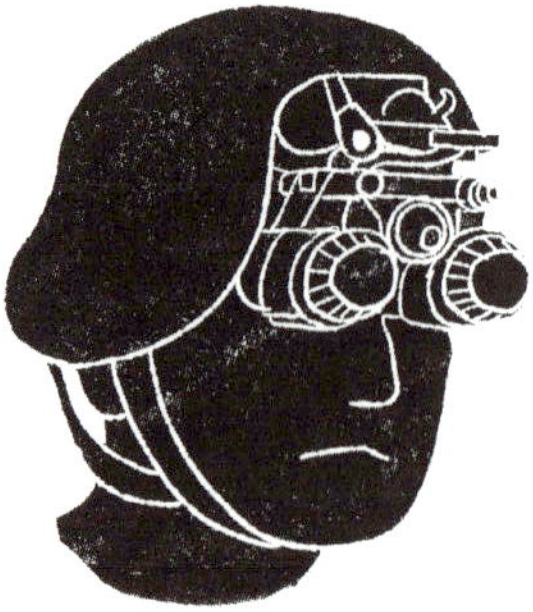

暗視装置

暗視装置は実に厄介なものだが、装備している軍は多い。夜間に行動するときには、相手が暗視装置を持っているという前提で動かなければならない

刃物類

一般的な歩兵であれば、ナイフは戦闘用というより作業用であることのほうが多い。より多目的に使え殺傷能力の高いトマホーク（斧）を持つ兵士もいる

銃器類のほかにも、兵士が持つ武器はある。

まずナイフ。刃物は白兵戦だけでなく生活のなかでも何かと役立つので携帯する兵士は多い。一般的な兵士であれば携帯するのは1本だろうが、隠密行動で相手の陣地深くまで潜り込み、静かに敵兵を殺傷するような特殊部隊の兵士であれば、3本以上のナイフを携帯することも。

そのうち一本は殺傷専用で、堅牢性というよりは持ちやすさと切れ味を高めたもの。次はもう少し大きめでいろいろな作業に使えるもの。そしてさらには折り畳めるフォールディングタイプの小さめのもので、これはより細かい作業に使用する。

暗視装置も敵が持っていると、いやなものだ。これは暗闇でもわずかな光を増幅して人間の目

軍用犬

優れた嗅覚と聴覚、そして忠誠心も併せもつ犬は、軍用犬として各国で活躍している。警備や探索が主な任務だが、人を殺傷する訓練を受けた軍用犬もおり、吠え立てられるだけでも恐怖を感じる

で見えるようにする装置で、兵士のヘルメットに装着できるようになっていたり、銃器のスコープが暗視装置付きだったりする。

人体が発する熱や赤外線を探知して可視化するサーマルビジョンであれば、木の陰などに隠れていても丸見えだ。いずれにせよ、こちらが何も見えない暗闇のなかで相手だけがこちらを見ていられるというのは、非常に不利な状況であるが、常に敵兵はこうした暗視装置を持っているという前提で行動すべきだ。

また、兵器といっていいかどうかはわからないが、軍用犬も恐ろしい。人を攻撃する訓練を受けた犬は、一気に飛び込んでくるようなことはせず、隙をみて飛びかかり体を食いちぎる。数頭に囲まれたら、人は逃れられない。

銃器の基礎知識

この世に銃がない戦争はない。日本のように所持が禁止されている国もあるが、戦争になってすぐそこに敵兵がいるという状態になれば、この法が改正されることになるかもしれない。そのときのために、銃器についての基礎知識と使い方を身につけておきたい。

銃の分類は定義も境界もあいまいなもので、どれが正しいというものはないのだが、大きくハンドガン、小銃、短機関銃（サブマシンガン）、機関銃、散弾銃（ショットガン）というように分けられる。

ハンドガンは拳銃といわれるもので、銃器のなかでは最もサイズが小さい部類に入る。小銃はアサルトライフルやスナイパーライフルなどをまとめた呼称で、日本では俗に長モノといわれることもある。機関銃、つまりマシンガンは弾丸を連続して発射できる銃のことで、広範囲に弾をばらまき弾幕を張ることで付近一帯を制圧する火器である。機関銃でも人が手で持って撃てる小型の機関銃は短機関銃と呼ばれるが、面で制圧するには射程も火力も足らないので、機関銃とは使い方が大きく異なる。また、ひとつの実包の中に小さな弾丸がいくつも入っている散弾を発射するのがショットガン。これは近距離での戦闘で威力を発揮する。

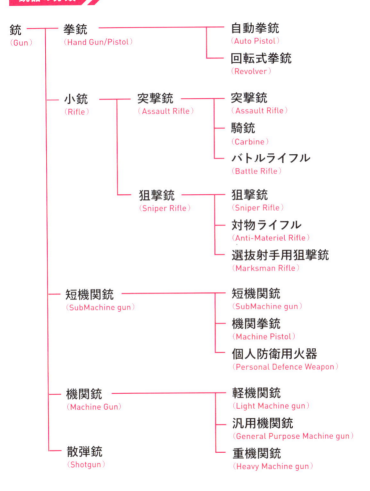

銃器の分類

- 銃（Gun）
  - 拳銃（Hand Gun/Pistol）
    - 自動拳銃（Auto Pistol）
    - 回転式拳銃（Revolver）
  - 小銃（Rifle）
    - 突撃銃（Assault Rifle）
      - 突撃銃（Assault Rifle）
      - 騎銃（Carbine）
      - バトルライフル（Battle Rifle）
    - 狙撃銃（Sniper Rifle）
      - 狙撃銃（Sniper Rifle）
      - 対物ライフル（Anti-Materiel Rifle）
      - 選抜射手用狙撃銃（Marksman Rifle）
  - 短機関銃（SubMachine gun）
    - 短機関銃（SubMachine gun）
    - 機関拳銃（Machine Pistol）
    - 個人防衛用火器（Personal Defence Weapon）
  - 機関銃（Machine Gun）
    - 軽機関銃（Light Machine gun）
    - 汎用機関銃（General Purpose Machine gun）
    - 重機関銃（Heavy Machine gun）
  - 散弾銃（Shotgun）

アサルトライフルもフルオートで弾をばらまけるが、機関銃とはいわない。サブマシンガンと呼ばれる短機関銃とマシンガンと呼ばれる機関銃も名前は似ているが、使い方はだいぶ違うので区別するのが普通である。といっても、こうした分類の仕方を細かい部分まで覚える必要はないだろう

セミオートマチックピストル

一般的なハンドガン

回転式の弾倉を備えるリボルバーというタイプもあるが、今は弾薬の装塡数が多いセミオートマチックピストルが主流。再装塡もマガジン（弾装）を入れ替えるだけで素早くできる

シングルカラム

実包を縦１列に重ねて込めるタイプ。装弾数は少ないが、銃のグリップが薄いので、握ったときのフィット感がいいという利点もある

ダブルカラム

マガジンの内部が2列構造になっていて、段違いに実包を込めていくタイプ。横幅はやや広くなるが、より多くの弾薬を装塡することができる

ハンドガンの装塡数

セミオートマチックピストルの装弾数は、おおよそ7発から19発。弾薬を入れるマガジンの構造により、その数は変わる。軽量で高速な9㎜弾を使うのが主流だ

アサルトライフル

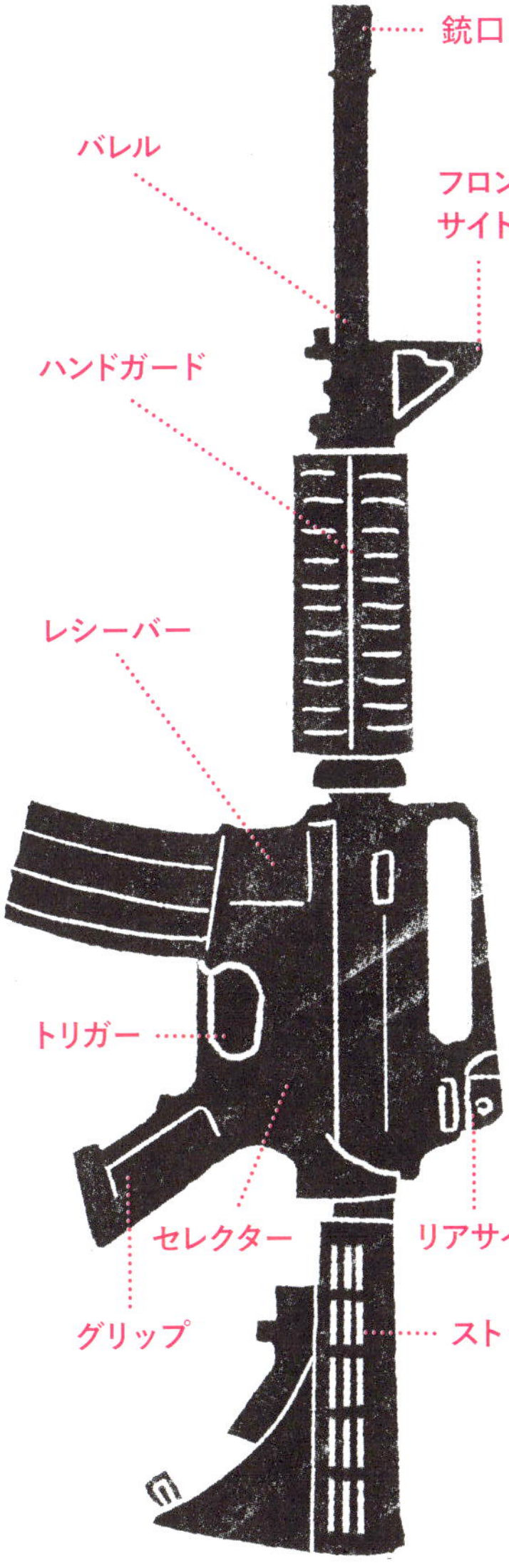

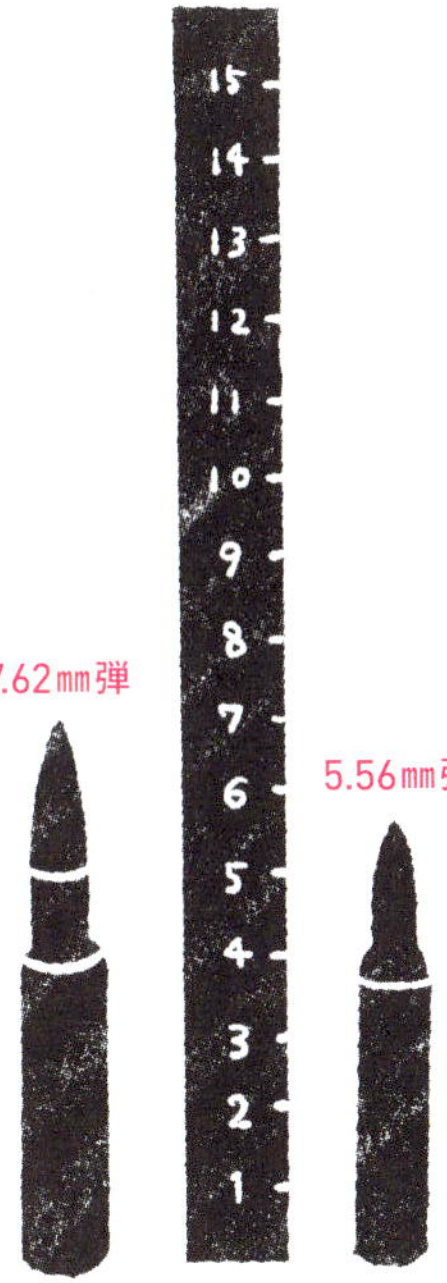

代表的な弾丸口径

弾丸のサイズは種類が豊富だが、アサルトライフルで使われる代表的なサイズは5.56㎜と7.62㎜。どちらにも長所・短所がある

一般的なアサルトライフル

片手でグリップを握り、もう一方の手をハンドガードに添えて撃つ。弾が出ない状態、単発のセミオート、連射するフルオートをセレクターレバーで切り替えられる

いざというときのために知っておきたい

銃の安全な取り扱い方

何より、銃器は誤射や暴発などの事故がないように扱わなければいけない。そのために必要な最大のルールは、標的以外には銃口を向けないということ。当たり前の話に聞こえるかもしれないが、初めて銃を持った人のなかには、珍しそうに銃口をのぞき込んだり、面白がって人に銃口を向けたりする人が本当にいる。銃は常に発射可能なものと考え、たとえ弾が入っていないとしても撃ちたくないものに向けないという癖をつけるべきである。

また、発砲するまではトリガーに指をかけないでおくということも大切である。何かの音に驚いたり、つまずいたりして発砲してしまうミスはよくあることだ。ハンドガンを撃つときは、まずマガジン内の弾の有無を確かめてから、しっかりと押し込んで装着。スライドを後ろに引いて、チャンバー（薬室）に初弾を送り込む。この状態になったら、あとは引き金を引けば弾丸が発射される。1発撃つと撃った弾の薬莢が排出され、同時に次の弾が自動でチャンバーに送り込まれるので、2発目以降はスライドを引く必要はない。マガジン内の弾を撃ち尽くすとスライドが開いたままになるので、次のマガジンを装塡する。

確認事項

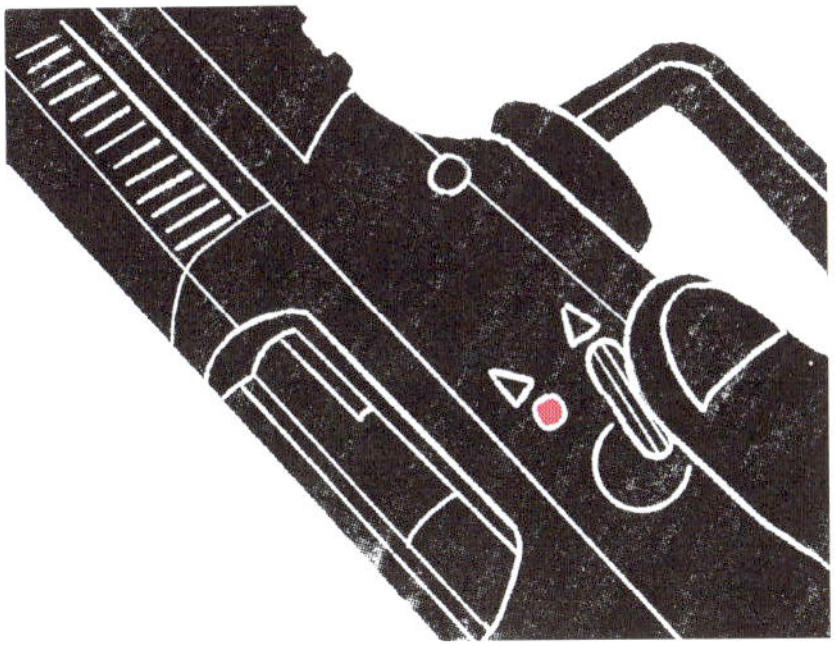

安全装置の有無

どんな安全装置かは銃によって違うが、現在のハンドガンには安全装置のレバーがないものも多い。付いていたら持ち歩くときにはオンにする

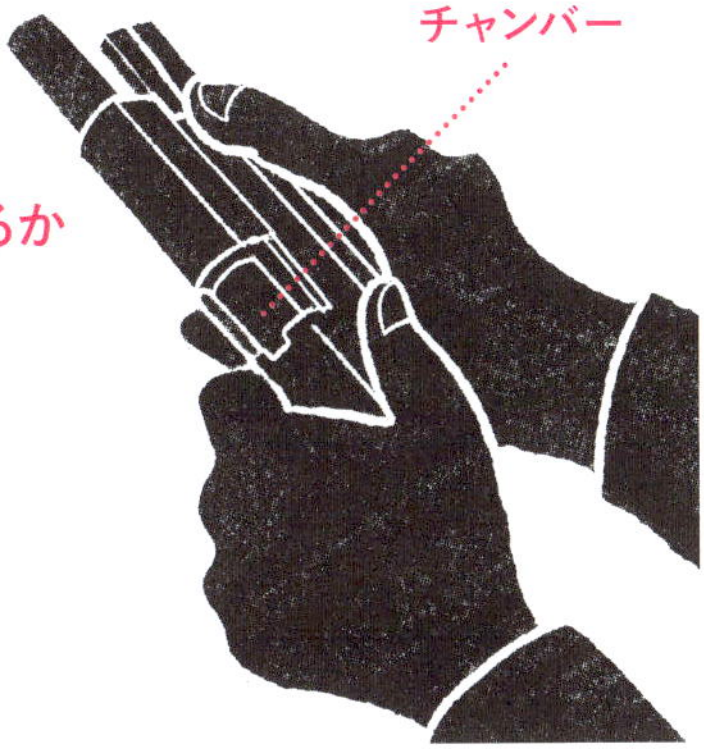

チャンバーに弾が入っているか

スライドを少しだけ引き、チャンバーに弾が入っているか確認。入っていなければ安全な状態だ。銃口を自分に向けないように

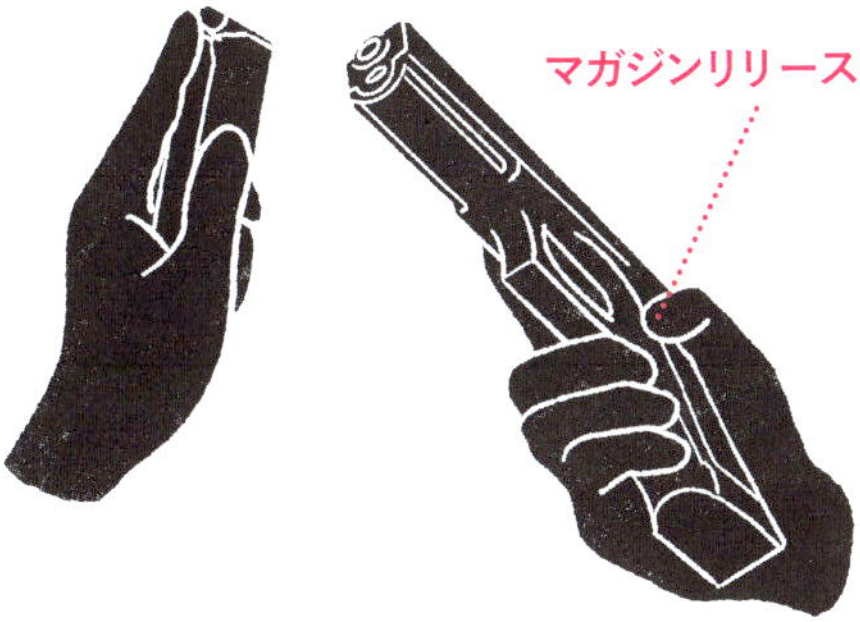

マガジンに弾は入っているか

マガジンリリースボタンを押してマガジンを抜き、マガジンに弾が入っているか確認。撃つ可能性があるなら入れたままにしておく

リロードの方法

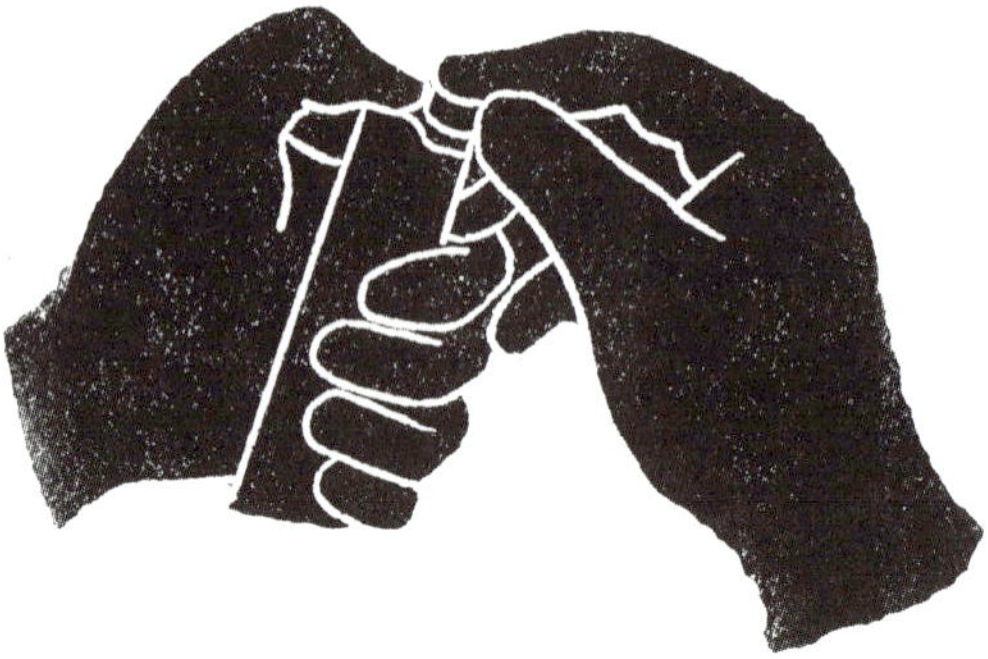

マガジンに弾を込める

マガジンに1発ずつ弾を込める。マガジンの最上段の弾を指で押し込みつつ、次の弾を入れる。アサルトライフルなら上から押し込めばいい

マガジンを入れる

マガジンをグリップ内へ手のひらで軽く叩くようにしっかり押し込む。押し込みが弱いと、構えたときにマガジンが落ちてしまうこともある

スライドオープン～ローディング

この持ち方は、通称スリングショット。実銃のスプリングは硬いので、しっかり握って引く。スライドは引ききったところでパッと離す。丁寧に手で戻すことはNG

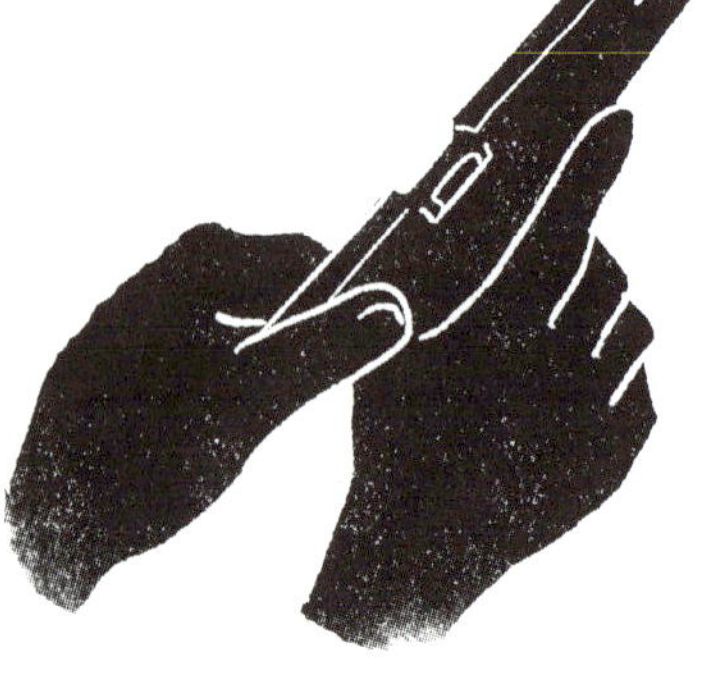

握り方・構え方

親指と人差し指の間をグリップに押しつける

映画やドラマで見られるような片手撃ちはしない。親指と人差し指でVの字をつくり、グリップに押しつけ深く握る。トリガーに指をかけないこと

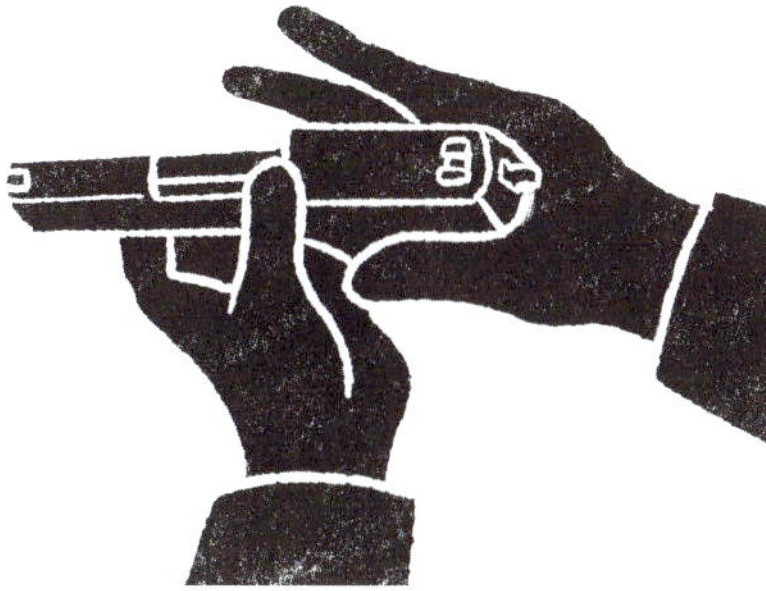

持つ手は中央へ寄せるイメージ

グリップを握った右手に左手を添え、左右両側から挟み込むようなイメージで銃を固定する。左手の親指を前方に向け、狙う方向を指向する

腕は伸ばしきらない

体の真ん中で構える。腕を完全に伸ばすと肘に衝撃がくるので、わずかに曲げて遊びをもたせる。撃つときは衝撃を手ではなく体で受けるように

発砲の方法

トリガーに指を深くかけない

撃つときに、トリガーに深く指をかけて握るようにして引いてしまうと、銃がブレて当たりにくくなる。指の第一関節より先で軽く引くようにするといい

銃を取られない程度に近距離で狙う

相手が飛びかかってきても銃を取られない距離を保つこと。近づいてきたら、迷わず撃つ。銃は、構えたら撃つという覚悟をもって取り扱う

体の一番大きな部分を狙う

確実に当てるために、頭や手足ではなく的として大きい部分、つまり体幹を狙う。標的が倒れたところで頭を撃てば確実だ

安全な携行方法

ハンマーを戻しておく

すぐ撃てて、なおかつ安全に持ち運べるのがチャンバーに弾が入っていてハンマーが落ちている状態。しかし、起こしたハンマーを手で戻すと暴発しやすいため、SIG（シグ）などのメーカーのものには、安全にハンマーを戻せるデコッキングレバーが付いているものもある

ズボンに挿す持ち方は危険が伴う

ズボンの前に無造作に挿す持ち方は、取り出すときに銃がひっかかり誤射しやすい。後ろに挿していても同様なので注意しよう

すぐ撃てる状態で移動する場合

警戒しながら移動するには、体の前で銃を握っている右手を前に折り、左手で支えるようにすると、すぐ撃つことができる

ライフルの取り扱いについて

体から銃を離さない

アサルトライフルを構えるときにストック（銃床）を体から離すと、ライフルが安定せず、撃ったときに反動で大きく暴れてしまう。ライフルを制御できなくなるととても危険だ

ストックを体に押し当てる

ストックを胸の筋肉にしっかり押し当てて構えると、ライフルが安定して、反動を吸収しやすくなる。胸の中央部分に押し当てて体の真ん中で構えるという方法もある

銃器の代表的な取り扱いミス

- 発砲の瞬間、衝撃を吸収しようと自ら銃を上げたり下げたりする者もいるが、そうすると銃の動作不良が起こりやすい。衝撃は手ではなく体で吸収する

- 空の薬莢がうまく排出されず、スライド部分に挟まってしまうことがある。このときに慌てて何回も引き金を引いてしまいがちだが、そうすると次の薬莢も排出されない。挟まってしまったら、スライドを引いて薬莢を落とせばいい

- 現代の銃は多少濡れたくらいでは発射できなくなることはない。しかし、雨などで長時間濡れたままにすると錆びて動作不良を起こすので、水分は拭き取る

銃器を扱うときの4つの大原則

1. 常に発砲可能なものとして扱う

銃は発砲できる状態にあるものとして扱うようにする。マガジンが装填されていなくても、チャンバーに弾が残っているおそれはある。実際にこれで引き金を引いて起きた事故もある

2. 標的以外に銃口を向けない

銃がどんな状態でも、標的以外に銃口を向けないよう、常に気をつける。弾が入っていないから大丈夫などといっていると、撃てる状態でも、つい銃口を向けてしまうものだ。プロの兵士は、モデルガンでも銃口を人に向けたりはしない

3. 発砲するとき以外はトリガーに触らない

撃つ直前まで、指は伸ばしてトリガーガードの外に添えておく。トリガーガードの中に入れておくと、つまずいて転んだり、何かに驚いたりしたときに、ついトリガーを引いてしまう。これは実際によくある事故である

4. 標的の背後も意識する

弾が標的に当たらないか貫通したときのことを考え、標的の向こうに撃ちたくない人やものがないかどうかを確認する

使用される弾薬について

銃器に使われる弾薬については、話が何かと複雑なこともある。数多くの銃器の種類それぞれに合わせ、世界中で古くからつくられてきた道具なので、サイズひとつとってもさまざまだし、その表記の仕方も国によって違ったりする。

弾薬の構造はおおよそどれも同じで、部品は大きく、弾芯と薬莢とプライマー（雷管）とに分かれている。このうち弾芯とは実際に銃から発射され飛んでいく部分のことを指しており、同じ銃を使っても、弾芯の素材や形状によって標的に与えるダメージや貫通力が変わってくる。

軍用として一般的なのは先端が尖ったフルメタルジャケット弾で、鉛の弾芯を銅で覆って貫通力を高めたものである。そのほか、弾芯が凹んだ形状になっていて人体に命中すると先端が膨らんでキノコ状に変形するホローポイント弾、軟らかい鉛の弾芯を露出させることで命中時に鉛が裂けて広がり体内組織をズタズタにするダムダム弾などは、人体により大きなダメージを与える弾頭としてよく知られている。このダムダム弾は残酷な兵器として国際法で戦時使用が禁じられているが、威力が大きいこと、貫通力が低く二次被害が出にくいことから、警察組織ではいまも広く使用されている。

弾薬の仕組み

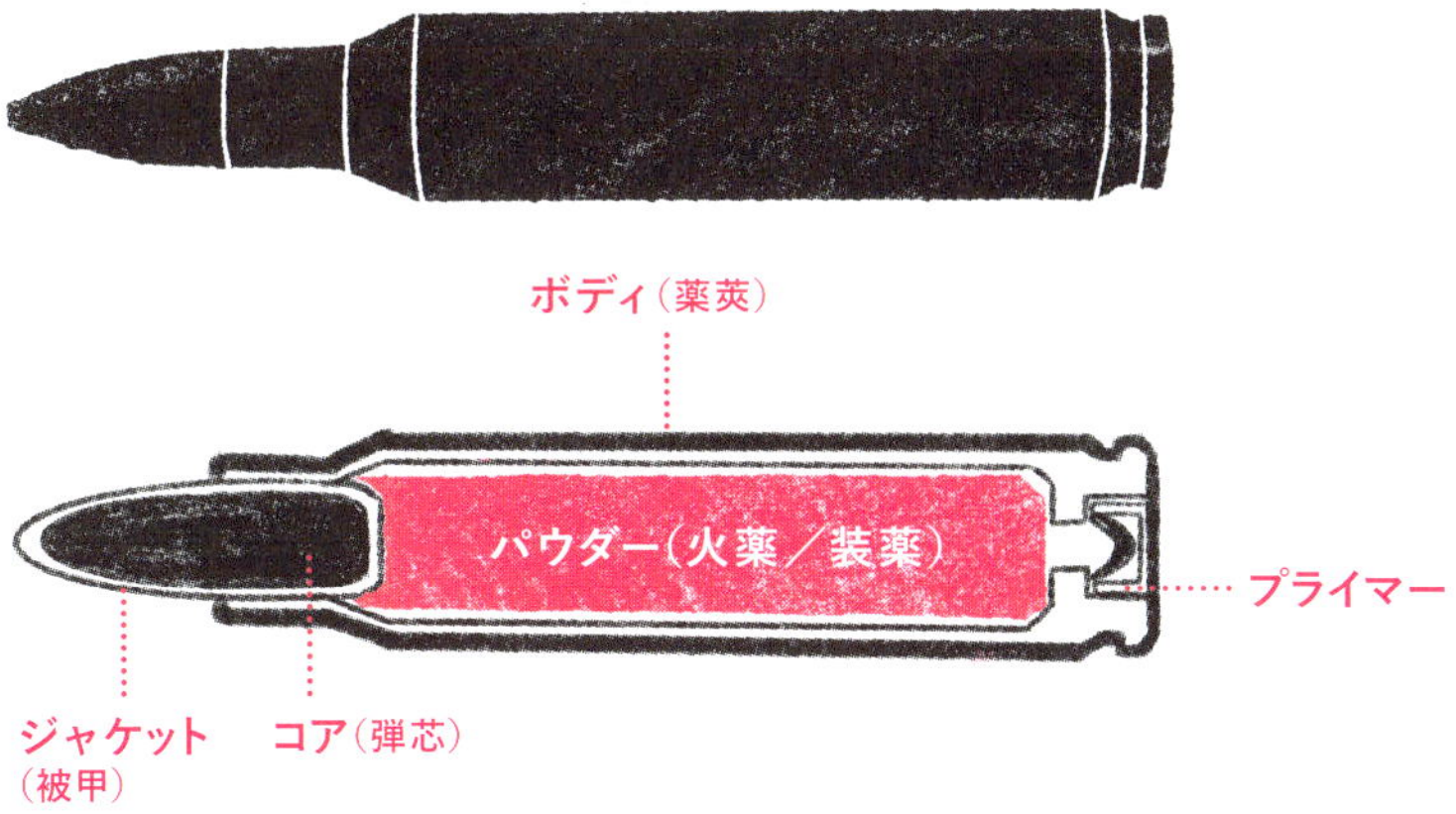

薬莢は、発射のための火薬が入っている部分で、ここは目標に向かっては飛ばず、銃内部に残るか、オートマチックの銃なら排莢口から自動で排出される。そしてプライマーとは弾薬の底部分にあり、薬莢内の火薬を点火する役割を果たすものである。

引き金を引き銃器の撃針がプライマーを叩き、火薬が発火。薬莢内にある発射用の火薬に引火し爆発を起こし、その圧力で弾頭が飛び出すというのが、弾の発射のメカニズムだ。

弾薬のサイズについては、たとえば9㎜とか.45というようにメートル法表記とヤード・ポンド表記が混在している。.45というのは100分の45インチのことで、メートル法に直すと約11・5㎜になる。また、ここでいうサイズとは

弾薬の口径

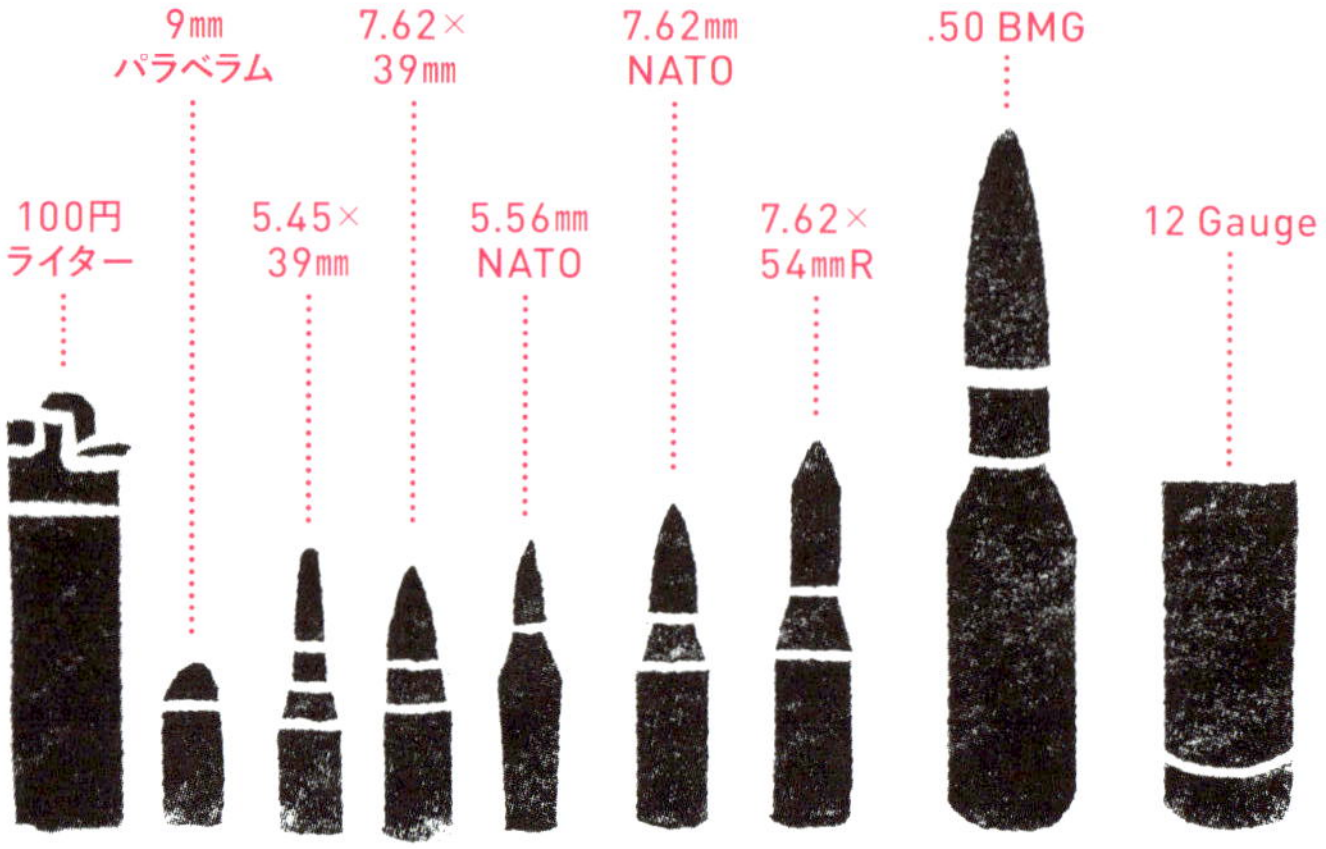

弾丸の直径のことだが、38口径（100分の38インチ）のみ、薬莢の外形サイズでもってサイズを表している。

弾のサイズは数多くあるが、現在使われているものは銃の種類によっておおよそ決まっている。たとえばセミオートマチックのハンドガンであれば9㎜パラベラム弾か.45ACP弾がほとんど。アサルトライフルは、欧米の銃なら5・56㎜NATO弾か7・62㎜NATO弾、ソビエト製の銃なら5・45㎜弾か、同じ7・62㎜でもNATO弾より薬莢が39㎜と短いものが使われる。そして機関銃で広く使われているのが7・62㎜NATO弾か12・7㎜NATO弾だ。

ちなみに、ここで出てきたNATO弾とは北大西洋条約機構軍が決めた規格に則った弾のこ

NATO標準弾薬運動エネルギーの比較図

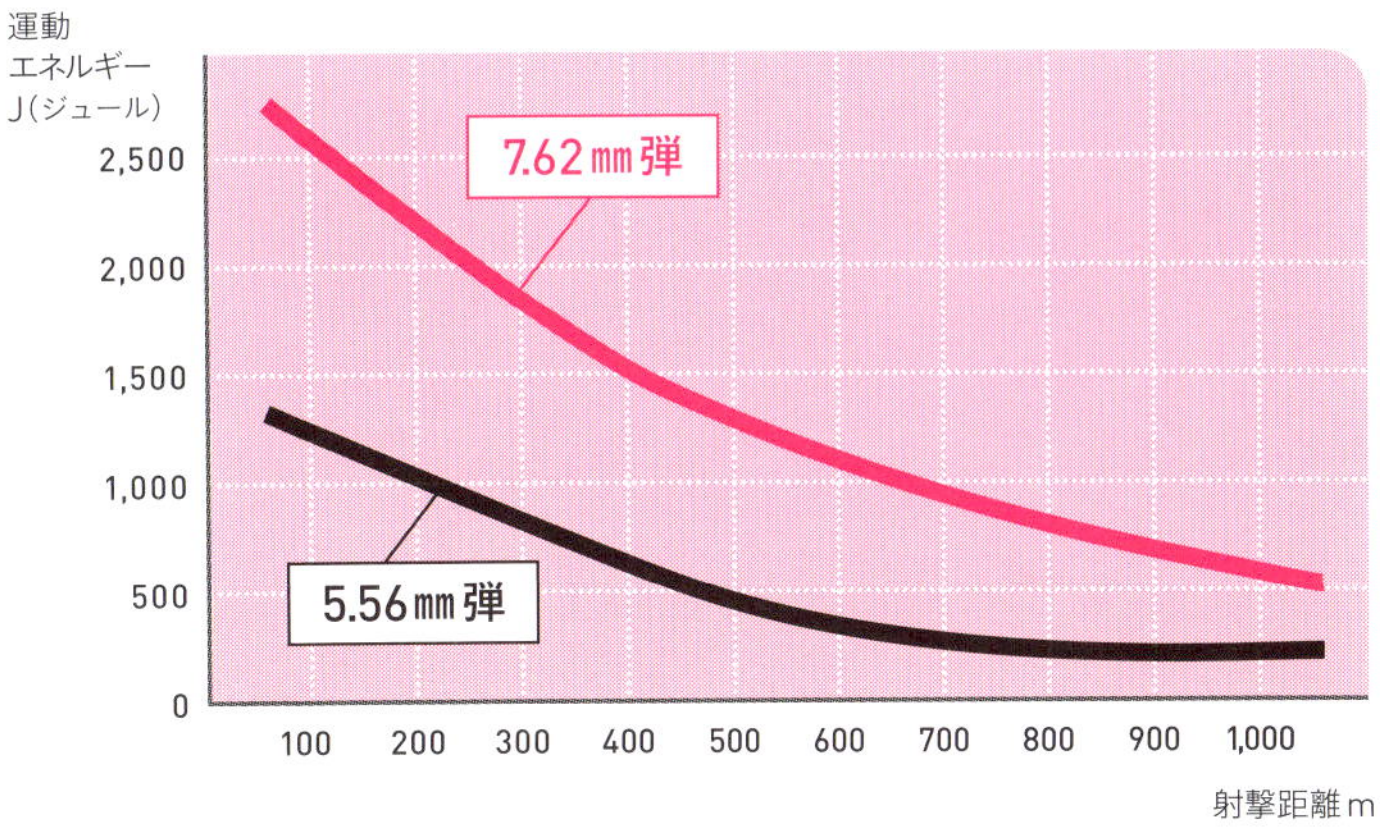

とで、12・7×99㎜、7・62×51㎜、5・56×45㎜、9×19㎜といったサイズがある。

弾丸は、大きいほどいいというわけではない。たとえばアサルトライフルで使うNATO弾の5・56㎜と7・62㎜についていえば、射程が長くパワーがあるのは明らかに7・62㎜のほうで、近くをこの弾がかすめただけでものすごい音がするのだが、現在の主流はサイズが小さいほうの5・56㎜だ。これは小さくて軽い分より多くの弾薬を持ち運べる、反動が少なく扱いやすいという理由からである。また、弾が速く弾道がフラットなので、目標の距離が変わっても狙いやすいというメリットもある。7・62㎜は弾道の放物線の角度が大きいので、距離によって照準設定を合わせるのが難しいのだ。

戦場の行動学

銃撃を受けたら

たとえば200m程度の距離から静止している人々がアサルトライフルで銃撃されたら、被弾するおそれはかなり大きい。銃撃された側は、銃撃に慣れていなければ、初めは何が起こったのかもわからないだろう。例え銃撃されていると素早く判断できたとしても、銃声はいろいろなものに反響するので、どこから撃たれているのか、どのくらいの距離で撃たれているのかを瞬時に判断するのは難しい。

ここですべき行動は、まず伏せて身を低くすることである。これは被弾面積を少なくするた

実際に銃をそばで撃たれると、体に受ける衝撃は予想以上に大きいはずだ

めで、銃声が聞こえたら、どこから撃たれているのかと周りを見渡すようなことはせず、とにかく少しでも早く身を伏せなくてはならない。

訓練された兵士であれば、この行動が身についていて、車のバックファイア音でも反射的に身を伏せてしまうこともある。

銃撃を受けたときに冷静でいることはできない。銃というものは、撃ったときに周囲の空気を押すような「圧」が生じる。たとえば、大口径の.44マグナム弾をリボルバーで撃ったら、横から漏れる圧は相当なもので、1mほど離れていても頭が揺れるほどだ。もし銃撃され何十発、何百発と撃たれたときには、銃声の激しさと体に響く圧は凄まじいものになる。

また、近くを弾がかすめ、鋭く空気を切り裂く音が聞こえるのも恐ろしい。夜なら飛んでくる弾が光って見え、なおさら怖いものである。

伏せるときには、立っていた足元にそのまま伏せる。これは、とっさに跳んで伏せると、何かにぶつかり怪我をするおそれがあるからだ。伏せる姿勢はできるだけ低くし、両手で頭をカバーする。かかとが高くなりがちなので足先を外側に開き、かかとの位置も低くする。とにかく薄く、低くなるということを意識することが大事だ。また、両脚を開いていれば、もしやられたとしてもどちらかの脚は助かる可能性があるが、反対に閉じていれば当たりにくくはなるが両脚ともやられる危険性が高まる。どちらがいいかは自分で決めるしかない。

伏せて、いったん被弾を逃れることができたら、次は脅威から距離をとることを考える。すなわち、走って逃げるということだ。アサルトライフルなら300m先の標的に当てることは難しくないが、標的が動いていると命中する確率は著しく下がる。動くことはとても重要だ。

銃撃してくる場所を特定できたら、反対方向へとできるだけ速く走る。このとき、ジグザグに走れといわれた時代もあるが、それはすすめられない。ジグザグに走るのは、思ったよりスピードが遅くなり、射手からすると狙いやすいものだ。しかも、息が切れてスピードがさらに遅くなるし、つまずいて転んでしまったりもする。もしそれで弾が当たらないというのならば、それはきっと滑稽に転ぶのを射手が見て笑っているからであろう。早く射撃地点から遠ざかる

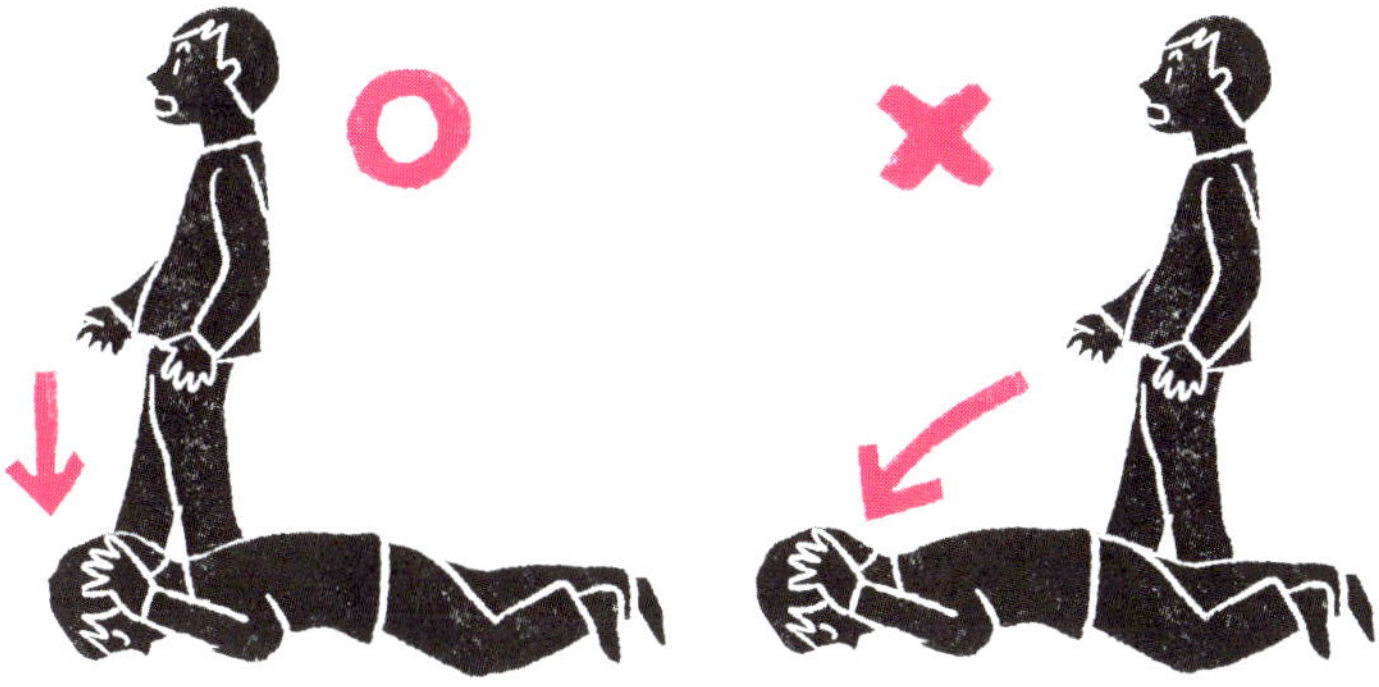

銃撃を受けたら、その場に伏せる

銃撃を受けたら、即座に伏せて身をできるだけ低くする。歩いていて急に伏せるときに前や横に跳んでしまうと、そこに何があるかわからず怪我をしてしまうおそれがあるので、自分の脚を後ろにずらすようにして、体の真下に身を低くするようにする

方が重要なので、まっすぐ走ったほうがいい。

走りながら、今度は周囲に隠れられるものがあるかどうかを探す。遮蔽物として理想的なのは厚いコンクリート壁や土嚢。こうした遮蔽物を見つけたら、その陰に入って身を守る。

また、民間人であってもスナイパーが狙撃してくることはある。そのほうが目標としてインパクトがあり、恐怖心を与えられるからだ。遠距離から狙撃された場合は、どこから撃ってきているかはわからないので、やはりすぐさま身を低くし、身近な遮蔽物の陰に入る。

もし敵兵に見つかれば撃たれるだろうという状況でいきなり敵と遭遇したら、このときは伏せることなく即座に逃げる。相手も一瞬、発砲するかどうか迷うので、そこにかけるしかない。

4秒待ってから、次の行動を決める

銃撃を受けてとっさに身を伏せたとき、慌ててすぐに立ち上がると、なぎ払うようにフルオートで連射する掃射の餌食になってしまうかもしれない。伏せたまま4秒か、少なくとも3秒は待ち、その間に次の行動を決めるようにする。もし30発を装填したアサルトライフルでもってフルオートで引き金を引きっぱなしにしたら、秒間10～12発を発射するので撃ち終えるのに3秒とかからない。しかし、そのような撃ち方をすることはあまりなく、3回か4回に分けて引き金を引くのが普通である。機関銃なら6発くらいずつだろう。

この4秒の間にまず射手の位置を特定しなければならない。射手は最初に射撃した場所から移動しているかもしれないし、複数の射手がいるかもしれない。できる限り冷静になり、耳と目を使って射手の存在を確認し、同時に近くに身を守れる遮蔽物があるかを探す。そして、そのまま伏せているべきか、遮蔽物に入るか、それとも走って遠くへ逃げるかを決断する。

射手が明らかに自分をターゲットにして撃っている場合は、伏せていても止まっていたら格好の標的となってしまうので、すぐさま動かなければならない。射手から遠い方向にできるだけ速く走り、遮蔽物を探して身を隠す。

行動の選択肢

1.RUN －逃げる

もし可能であれば、射手から距離をとるというのが最も効果的な方法である。4秒の間に射手の位置を特定したら、反対方向にまっすぐに逃げて離れる。射手が数ヶ所にいるかもしれないので注意する

2.HIDE －隠れる

射手の場所を探すのと同時に、近くに身を隠せるものがないかも探す。銃弾を防げる厚いコンクリートの壁や土嚢があれば理想だが、なければ身を隠せるだけの遮蔽物でもいい。それでも撃たれる危険性を減らすことはできる

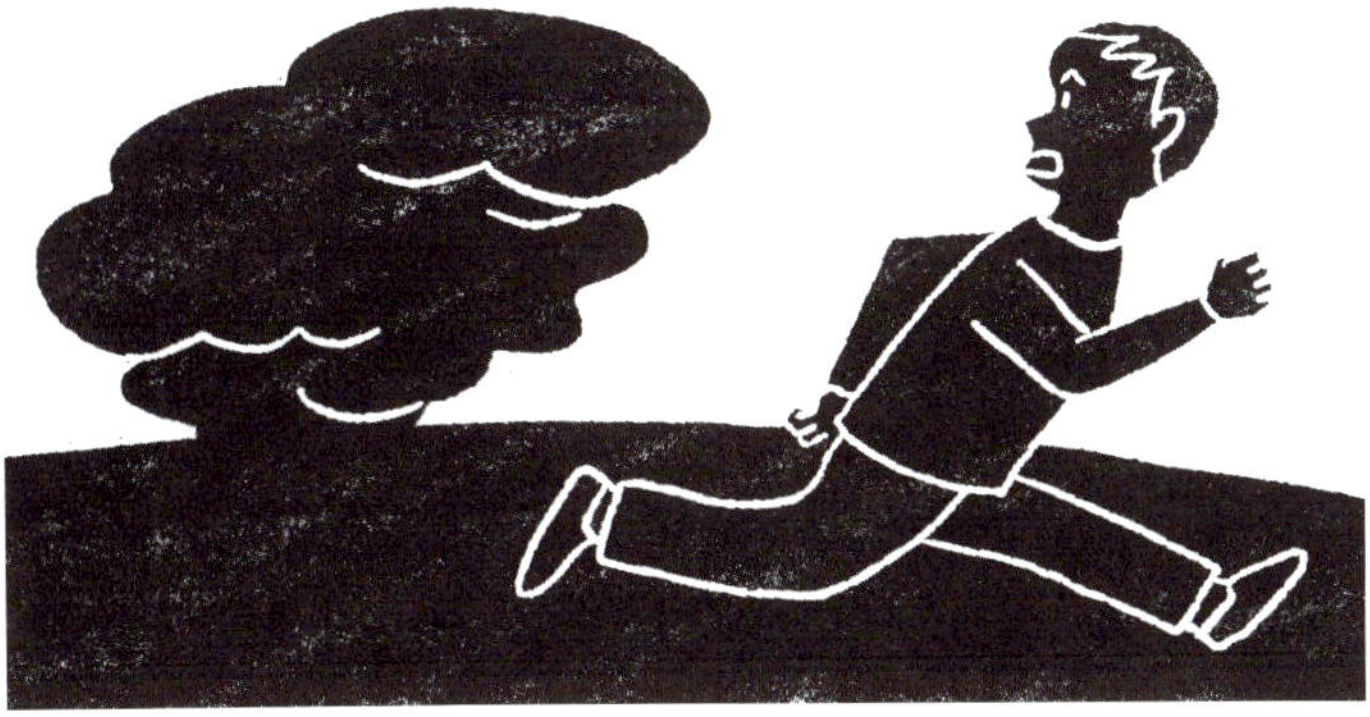

まずは脅威から距離をとることを考える

銃撃を加えている者が、どのくらいの射程のある武器を使っているかはわからない。まずは離れることを考える。もし射手の位置がわからなければ、ほかの人が逃げる方向を見て場所を推測する

銃弾から身を守る遮蔽物について

遮蔽物はふたつに分けて考えなくてはならない。ひとつは銃弾から身を守れるもの。そしてもうひとつは、銃弾から身を守れないが、射手の視界を遮ることができるものである。遮蔽物の陰に入るときには、それがどちらに属するものなのか理解していないと、撃たれたときに貫通した弾に当たってしまうことになる。

どんな素材が弾を防げるかは、撃たれる距離や角度によって大きく変わる。同じヘルメットでもまっすぐ当たれば貫通するし、斜めに当たれば弾くこともある。おでこに銃弾が当たったが、角度が浅かったため弾かれて死なずにすんだなどという冗談のような話もある。

とはいえ、アサルトライフルの破壊力は大きく、普通の家の壁であれば簡単に貫通すると思って間違いない。コンクリートブロックやレンガの塀であっても、何発か同じ部分に当たれば貫通してしまう。確実に弾丸を止めることができるのは、厚い鉄筋コンクリートの壁や柱、土嚢、硬い岩といったものくらいだ。また、銃弾が何かに当たって跳ね返る跳弾も、どこから飛んでくるのかわからず恐ろしい。コンクリートの部屋だと驚くほどよく跳ね、室内を跳弾が何往復かすることもある。ロシア製の弾だと、弾芯が鉄なのでさらによく跳ねる。

主な遮蔽物

樹木

大径木の幹であれば、ある程度、銃弾を防ぐことができるが、アサルトライフルや機関銃で何発も撃ち込まれると砕けてしまう。細い木の茂みや生垣は、相手の視界を遮る遮蔽物としては大いに役立つ。弾丸を防ぐことはできないので、こうした遮蔽物の陰に入ったら、低い姿勢をとらなければならない

一般的な住宅の壁（内壁は主に石膏ボード）

木造の家の壁、石膏ボードの壁は段ボールと同等と考えるべき。家の中にいても安心はできないのだ。家の中にあるソファ、ベッド、テーブル、洗濯機などの家具類も弾を防ぐことはできない。金属部品が多い冷蔵庫やパソコンは、弾が当たる角度によっては弾くことができるかもしれない

厚いコンクリートの壁

厚いコンクリートの壁は、防弾能力が高い。コンクリート製のビルがあれば隠れるのにちょうどいい。ほかに、昔ながらのものだが土嚢も弾丸を通さないので軍の陣地づくりによく使われている。ホームセンターで売っている土嚢袋に土や砂を入れるだけでいいので、危険を感じたら自宅でつくっておいてもいいだろう

車

金属部品が多い車だが、ドアやボディのほとんどの部分は銃弾が貫通してしまう。防げるとしたら車軸周りかエンジンブロックくらいである。車の向こうにいる標的を狙うのに、地面を撃って跳弾で当てるという方法もあるので、自動車の陰に隠れるのがいい方法とはとてもいえない

防弾プロテクターについて

兵士であればボディアーマーと呼ばれる防弾プロテクターを装着している。防弾性能はものによりさまざまで、性能の高さによりクラス分けされているが、最新のボディアーマーはセラミックプレートが入っているのが主流。比較的軽量なソフトタイプのものや、シート状になっているアーマーもある

グレネードを投げられたら

グレネードの使い方は簡単で、安全ピンを抜いてレバーを飛ばせば信管に点火。それから4秒程度で爆発するが、気温が高い夏ならそれよりわずかに早く、低い冬なら遅くなる。

壁に当てて跳ね返させ陰にいる標的を狙うという高度な技を使う兵士もいれば、反対に下投げで投げようとしてホルスターに当たり足元に落としてしまったり、投げたら手前の壁に当たって跳ね返ってきてしまったりなど、マンガのようなミスをする兵士もいる。

このグレネードは放射状に爆風と破片を飛ばすため、爆発から３ｍ以上離れて伏せれば被害を大幅に軽減できる。もしグレネードを投げられたら、即座にグレネードに足を向けて大きく跳び、うつぶせになる。そして、手で耳を塞いで頭もカバーし、口を開けて爆発に備える。口を開けるのは爆発の圧力を逃がすためで、これをしないと鼓膜が破れたり、眼球が飛び出たりするおそれがある。

しかし、熟練の兵士になるとレバーを飛ばしてちょっと待ってから投げたりもする。そうするとグレネードが空中で爆発し３６０度方向へ破片が飛ぶため、離れて伏せるだけでは被害を防げない。また、拾って投げ返すということもできない。

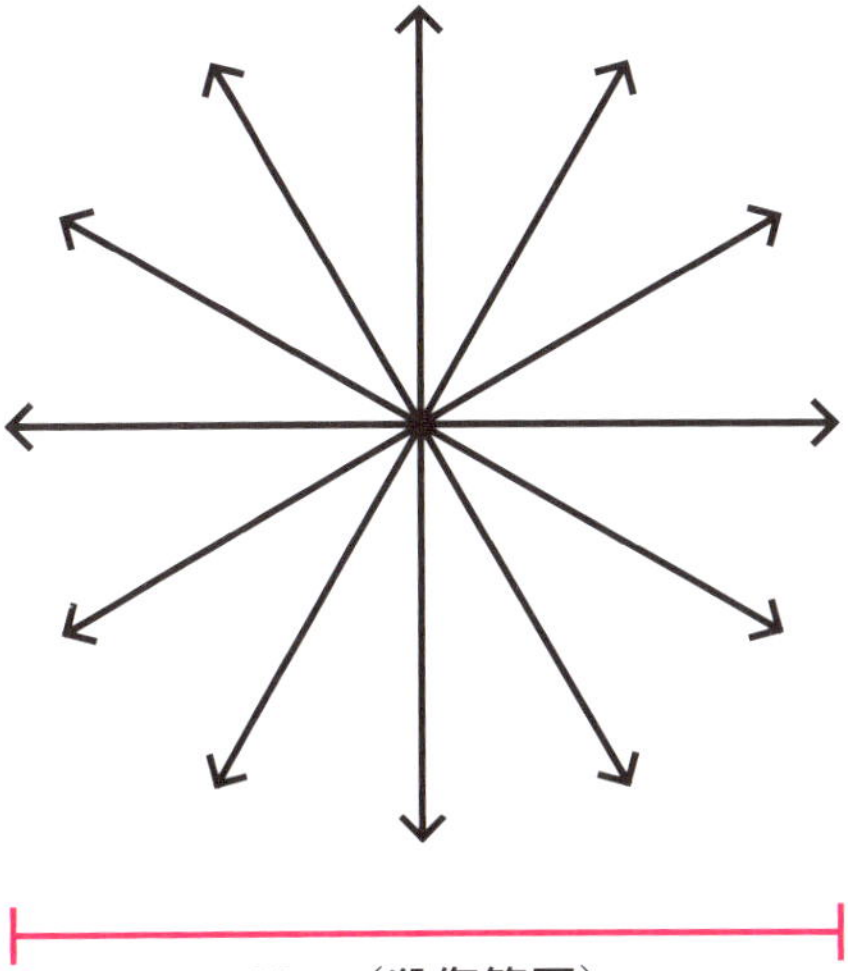

10m（殺傷範囲）

空中で爆発した場合

空中で爆発すると、投げられたこと自体に気づきにくいし、爆風と破片が全方向に飛ぶので、床に伏せても被害を防げない。そのため、ちょっと待ってから投げる兵士もいる

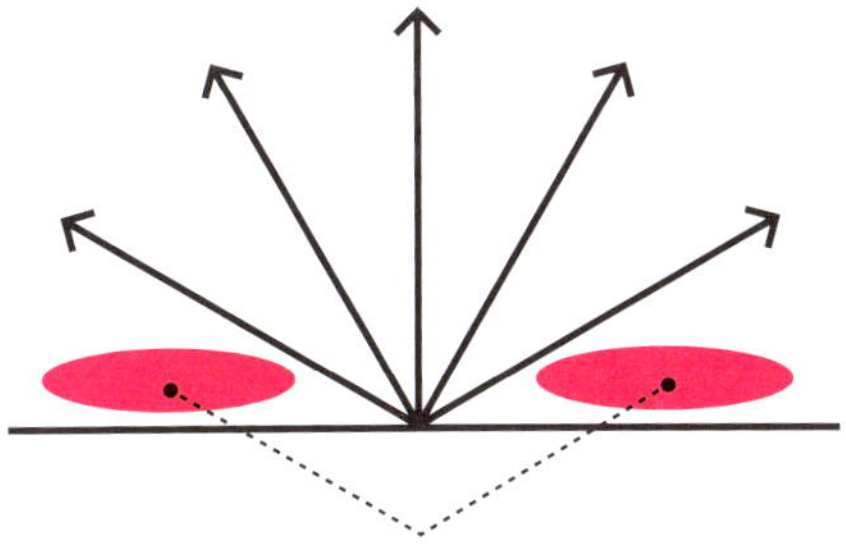

比較的安全な領域

地面で爆発した場合

グレネードの爆発は放射状に広がるので、地面で爆発した場合は、3m離れて伏せれば、被害を軽減できることも。また、爆発まで時間があるので、相手に投げ返すこともできる

戦場のマインドセット

戦争で人が受けるストレスはとても大きいものだ。日夜続く爆撃の衝撃、銃撃の音、未来への不安などで、心への負担が重なっていく。とくに痛みや恐怖で泣き叫ぶ人の声や死体の臭いは、忘れようと思っても忘れることができず、心に深い傷を残す。

平時の状態であれば、世の中には道理というものがあり、正しいことをしていれば人に傷つけられることは通常ない。しかし、ひとたび戦争状態になると、そういった当たり前のことがすべて崩れ去る。何も悪いことをしていないのに攻撃され、自由を奪われ、大事な人の命を奪われることさえある。この理不尽がまかり通っ

戦争という理不尽が正しいか正しくないかを問うても、戦場では意味がない。自分と家族が生き残るために、すべきことをするだけだ

てしまう状態を受け入れることができなければ、いずれ精神は崩壊してしまう。

だから、心が潰れてしまわないようにするには、日頃の常識や道理を一度捨ててリセットし、戦争を生き抜くという覚悟を決めなくてはならない。

人は、生きよう生きようと思うと生きるための行動をする。反対に、もう死にたいと思うと死ぬための行動をする。しかし、そのどちらでも戦争を生き抜くことはできない。

兵士はなぜ、命の危険を顧みず戦場で勇敢な行動ができるのか。それは、生き残りたいと強く願っているからでも、死んでもいいと思っているからでもない。ただミッションを成功させることだけを目的に行動するからだ。訓練を重ねて目的を違うところに持っていくことで、精神を安定させているのである。

このマインドセットはわれわれ民間人にも必要ではないだろうか。ミッションといっても軍事的なものではないが、自分がいまやるべきことに集中する。そしてその結果に対し、期待も後悔もしないこと。それが戦場のストレスから自分を守ることになる。

ミッションは人それぞれ違うだろう。しかし、あなたに家族がいるなら、それはきっと家族を守ることではないだろうか。家族を守ることだけを考え、ただやるべきことをやる。それこそが、戦争という不条理のなかで自分を失わないでいられる方法である。

家族を守るため、
戦う覚悟が必要なときもある

前のページでも書いたように、戦争は理不尽なことの連続である。理由もなく人が傷つき、命を落としていく。女性だろうが子供だろうが老人だろうが関係ない。ミサイルも爆弾も人を選ばないし、人間だって想像できないほど残酷になれるものである。それは、人類の歴史を振り返ってみれば、よくわかることである。そして、その残酷さが自分の家族に向けられることも当然あると考えておかなければならない。

自分の家族が傷つけられる、あるいは殺害されそうな状況になったときにはどう行動すればいいのだろうか。助けることはできなくても抵抗して命を落とすか、あるいは反撃できるときがくるまで我慢するか――。いろいろなシチュエーションや行動が考えられるだろうが、きっと、そこに正解も不正解もない。しかし、いずれにせよ戦う覚悟は必要ではないだろうか。

家族を守ることを自分のミッションとし、必要であれば他人を傷つけることも厭わない。その覚悟をもったとき、人はきっと強くなれるはずだ。この考えが正しいか正しくないかは問題ではない。ただ、自分がどう行動すべきかという指標はもっているべきだと考える。

家族の安全を脅かすものにどう対応するか

大切な家族が傷つけられたり、殺害されたりするおそれがあると感じたとき、どんな行動をとるべきなのか。戦うというのも選択肢のひとつである

戦うといっても、かたちはさまざまだろう。難しいとは思うが、あくまで個人で武器を持ち戦うという方法もあるだろうし、同じ考えをもつ者同士で協力しあうというかたちもある。

兵士でない自分が戦いに身を投じる姿はとても想像できないかもしれない。しかし歴史的にみればゲリラやパルチザンなど民衆が武器を取った例は多くある。実際に自分の家族が敵国の兵士に襲われるという状況であれば、自国の軍隊はもう機能していない状態だろうから、必然的にこうしたかたちになるだろう。

どうなるにせよ、大切なのはやはり準備と計画。いつか戦わなければならなくなった日のために、いま何ができるかを真剣に考えてみてもいいのではないだろうか。

戦場の歩き方

移動は徒歩か車か

敵軍から逃走するなど、長距離の移動を強いられることもある。その場合、車で移動したほうがいいのか、それとも徒歩がいいのか。状況により違うだろうが考えてみたい。

車での移動は、少ない労力で移動距離を稼げることが最大のメリットだろう。遠くまで移動しなければならない場合や、小さな子供、体力がない老人がいる場合は、車で移動する選択があっていい。しかも、荷物を多く積めるので本格的な拠点移動のときに役立つはずだ。

ただし、車両は攻撃のターゲットになりやすいという大きなデメリットがある。とくに敵国の航空機が空を飛んでいたら、必ず攻撃されると思って間違いない。敵国に攻撃されるおそれがあるときや、敵国に支配されている地域を通るときは車両を使うのは避けるべきである。

一方、徒歩は移動距離が大幅に短くなる。人間が歩くスピードは、大人の男性が歩きやすい舗装道路を進んだとして時速4〜5㎞。1日8時間歩いたとしても40㎞程度しか進めない。食事や休憩も必要なので30㎞程度が現実的だろう。たとえば、東京〜大阪間の距離は500㎞

くらいなので、もしこれを歩けば17日もかかることになる。荷物が多かったり、山のなかを歩かなければならなかったり、家族がいたりすると、さらにスピードは落ちる。しかも、徒歩での移動を強いられているということは、攻撃されるおそれがある状況にいるということなので、常に警戒しながら進まなければならない。戦時下での徒歩による長距離の移動は、かなり大変なものである。

しかし、この方法は敵軍に最も見つかりにくいというメリットがある。スピードが遅い分、音が静かで目立ちにくいし、敵を発見したときに身を隠しやすい。戦場で安全に移動することを考えたら、徒歩を選ぶほうが賢明だといえよう。

動きやすく目立ちにくい服装

徒歩で長距離を移動するときには、動きやすい服装にする。敵軍に発見されないように、派手な色のものは避けなければならない。荷物はバックパックが断然歩きやすい

歩くルートを決める

敵軍から逃走しているときや、こちらの存在を気づかれたくないときに、どんな道を歩くのかというルート選びはとても大切だ。人が歩けるルートにはいろいろなタイプがあるが、絶対にどれかでなくてはいけないというものではない。

存在を隠すルート選びのポイントは、自分がそこにいることを気づかれにくいこと、そして自分がそこを通った痕跡を残さないことである。そのために、敵の視覚、聴覚、嗅覚にひっかからないようにしなければならない。また、移動のしやすさも考慮する。

たとえば最も歩きやすいのは舗装路だろう。しかも、歩き方次第で音も出ないし、痕跡も残りにくい。だが、敵兵も利用する危険性が高いし、見通しがいいので遠くからでも発見されやすいという面もある。しかし、敵兵に遭遇する危険性がまだ高くなく、移動距離を稼ぎたいときに最適なルートということになる。あるいは、夜間に歩くようにすれば、発見される確率を下げることもできるだろう。

どんなルートにも長所と短所があるので、このように状況判断を行い、うまくルートを使い分ける必要がある。左の解説を参考に、的確なルートを選択してほしい。

砂利道

粒が大きめの砂利であれば痕跡が残りにくいが、歩くときに音が出る。音が出ると、相手には気づかれやすくこちらは気づきにくい。粒が細かい砂地や泥だと足跡も残りやすい

舗装路

歩きやすく、音も出にくい。足跡などの痕跡も残りにくい。しかし、敵兵に遭遇する危険性は高くなる。見通しがよく相手から発見されやすいので、真ん中を歩かないこと

草木の茂る道

身を隠しやすく、木の茂みがあれば至近距離を敵が通っても気づ付かれない可能性がある。しかし、草を踏んだり植物の枝を折ったりすると、自分が通った痕跡が残ってしまう

川辺

足跡が残るが、川の流れる音は存在を相手に気づかせにくくしてくれる。同時に、相手の気配も気づきにくくなるので注意。何度も川を渡れば軍用犬の追跡もかわせる

見つからなければ撃たれない

攻撃されないためには、相手にこちらの存在を気づかれないでいるのが一番いい方法だ。そのためには、基本的なことだが開けた場所を歩かないということ。近くに敵がいなくても双眼鏡やスコープで見られているかもしれないので、見通しのいい場所を横切るのは避ける。大きな交差点などは、スナイパーの危険があるので要注意だ。どうしても通り抜けなければいけないのならば、一気に走り抜けるか、壁の陰から陰へと伝うようにする。間違っても真ん中を堂々と横切ったりしてはいけない。

動く時間帯も重要だ。当たり前だが真っ昼間は活動している敵兵が多いし、見通しもいい。歩いていて草を揺らしてしまうだけでも発見されるサインになってしまうので、敵兵が多いエリアを歩くのであれば絶対に夜がいい。ただし敵が暗視装置を持っていると怖いので、暗闇でも身を潜めて行動する。そうすれば、暗視装置があっても発見される率は昼よりずっと低い。

また、皆自分では気づいていないのだが、現代人は歩くときに地面と靴底を擦りあわせてとても大きな音を発している。しかも、ハイヒールや革靴など音が出やすい靴を履いていることも多い。自分の気配を消すためには、なるべく音が出ない軟らかいソールの靴を履き、足を引

攻撃されないために
身を隠す

当然の話ではあるが、攻撃されない最良の方法は、敵に発見されないことである。そのための技術を知っているのと知らないのとでは、生存できる確率が大きく変わる

きずらないようにして歩くといい。となるとスポーツシューズを履くのがいいのだが、交通安全用の反射材が付いているタイプは、夜間に目立ってしまうので注意が必要である。

そして洋服が擦れる音も危険を招くことがあるので、着る服にも気を配りたい。綿素材のものであれば動いても音が出にくいが、ナイロンなど化学繊維を使った服は歩くだけで大きな音を発してしまう。とくに困るのが雨の日のレインジャケットで、どれもガサガサと音が出るものばかりなのである。それでもやはり雨の日は体が濡れずに快適なので、レインジャケットの上に音が出ない服を重ねて着るという方法もある。

もうひとつ、人間のシルエットを崩すというのも発見されにくくするコツだ。人間の頭には人のシルエットがインプットされていて、人を探すときは無意識にこのシルエットを探している。また、人間はこうして動くだろうという固定観念もあるので、そこから外れるシルエットや動きをすることで、人間だと認識されにくくなるのだ。

具体的にいうと、頭の形、頭から肩にかけてのライン、2本の脚の隙間、腋の隙間が見えると人間だとわかりやすい。そのため頭にスカーフを被ったり、脚や腋の隙間が見えないよう脚と腋を閉じて立つといい。滑稽かもしれないが、体を不自然に曲げて木の枝を真似たりするだけでも、ある程度距離があれば人だとわからないものである。

先端部分や腋、股など人間らしいシルエットを隠す

二足歩行だとわかる脚と脚の間、伸びた首と丸い頭の形、体と手の間の隙間、手足の形など、人間と認識されやすい部分を隠すと発見されにくい(左図グレーの部分)。また、これらの輪郭を布などベール状のもので覆ってしまうという方法もある(下図)

シルエットを崩して角の先を確認する方法

壁から頭だけをスッと出すと、頭の丸みで人だとすぐにわかってしまう。腕と頭を組み合わせて人らしくないシルエットを作り、ゆっくり陰から出て覗くようにする

スカウトという技術

スカウト（SCOUT）という特殊な戦闘技術をもった人々がいる。たとえば彼らは少人数のチームで敵陣深くまで侵入し、偵察行動や監視行動を行い、ときに敵兵からわずか数mという至近距離まで近づき任務を遂行する。

スカウトの技術はもともとネイティブアメリカンなどの一部の原住民が有していた能力で、周囲に溶け込んで自分の気配を消す「カムフラージュ」、相手に気付かれずに接近する「ストーキング」、相手の痕跡を見つけて追跡する「トラッキング」、何も持たない状態でも生き残る「サバイバル」といったいくつかの技術により構成されている。また、スカウト兵は、銃器を使った戦闘術はもちろんナイフや素手での格闘術にも長けており、もし敵に存在が知られてしまったときには速やかに、そして静かに敵を排除することができる。

自然と一体となり、自らの気配は消しながら相手の気配を感じ取るこうした技術は、まさに戦場で生き残るために必要な技術そのものである。すぐに身につけられるものではないかもしれないが、知っておくだけでも大いに役立つはずなので、ここからはスカウトの技術について解説していきたい。

スカウトの技術

カムフラージュ（偽装術）

人間のシルエット、人間が出す音や匂いは、自然界では違和感を生み出してしまう。顔のペインティングや着る服などによりこれをできるだけなくし、周囲と一体となるための技術がカムフラージュ術である

ストーキング（隠密行動）

ネイティブアメリカンのハンターは、自然のベースラインを乱さないようにすることで、獲物に気づかれず接近できる。自然のベースラインを乱すことなく、気配を消して移動することが重要だ

トラッキング（追跡術）

獲物が残した痕跡を見つけて追跡する技術。足跡ひとつから、獲物が通過した時間、獲物が何を考え、どう行動するのかまでをも読み取ることができる。敵を知ることは戦場で生き抜くためのとても大切なことだ

サバイバル（生存術）

生活する道具が増えると気配も大きくなる。逆に、自然の素材のみを利用したサバイバル術は、痕跡を薄くすることができる。隠密性をともなったサバイバルのスキルが必要になる

カムフラージュ

自分の姿を周囲に溶け込ませ存在を消す技術が、カムフラージュ。外見だけでなく、自分が発する音や匂いも自然に溶け込ませる。具体的には、顔にペインティングをしたり、スカウトスーツという偽装服を着用したりする。

スカウトスーツは体の輪郭をぼやかすことを意識してペイントなどを施した戦闘服で、隠れ方や動き方（ストーキング）の技術が伴えば、見事に自然のなかに溶け込むことができるものである。

実際の作戦では、1週間前から体臭を強くするアルコール類、肉類、香辛料を口にせず、シャンプーやリンス、香水の使用もやめる。そして、作戦3日前に水を飲んで汗をかく運動を行い、老廃物を出しきる。体を洗うのも石鹸を使わず水かお湯だけにし、歯磨き粉も使わない。そうした匂いはすべて自然界にはないものであり、自然界のベースラインを乱すものだからだ。さらに、臭いを発する腋の下と股間のリンパに消臭効果がある炭を砕いて擦り込み、臭いを徹底的に消し去る。

ストーキング

また、靴は自然界のなかではとても目立つものである。もし体や顔を自然にうまく馴染ませていたとしても、靴が見えていると、すぐに人がそこにいるとわかってしまう。そのため、ブーツのツヤを消して迷彩塗装を施す。

ストーキング（忍び寄り）の技術は自然とひとつになり気配を出さずに移動するためにあるもので、カムフラージュの技術とセットで使われる。自然界のベースラインを乱さない、すなわち自分の姿、音、匂いを発さずに移動する、すなわち「動き」のカモフラージュと言ってよいだろう。

基本となる動きは、スカウトウォークと言って、自分の姿や音などを極力抑え、また自然と同化させ、同時に五感を豊かに働かせながら歩くのである。スカウトにとっては、自分の気配を察知される前に相手に気付くことが必須となるからである。

一度ストーキングする対象が決まれば、その動きはそれまでのものよりも遥かに遅くなり特殊な動き方や足運びで、音もなく相手に忍び寄ることができる。

トラッキング

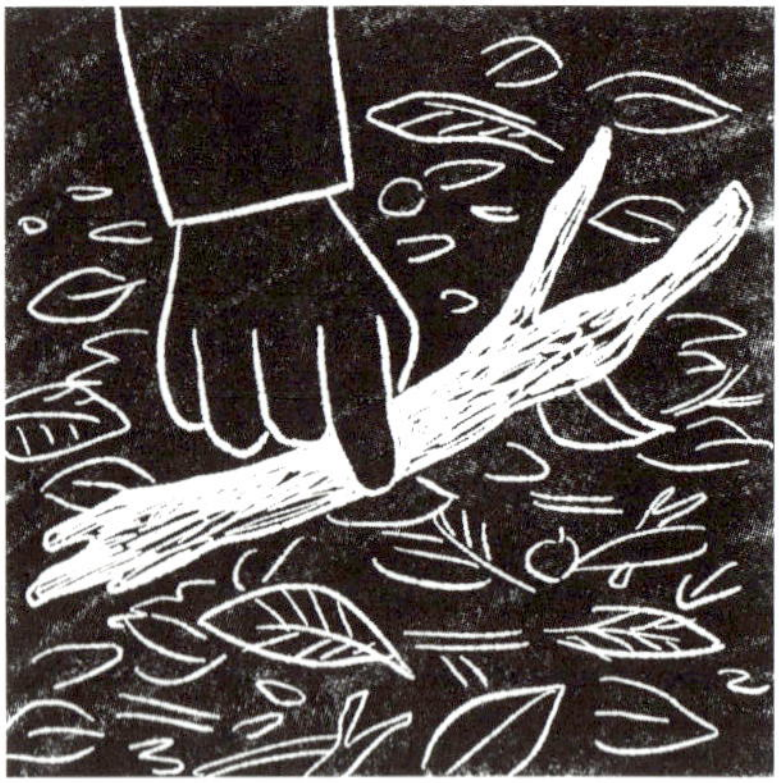

トラッキングはネイティブアメリカンなどの原住民のハンターが獲物を追跡するための技術だが、これを身につけておけば、相手のわずかな痕跡から驚くほど多くの情報を手に入れることができる。

たとえば人の足跡ひとつからでも得られる情報は多い。人数はもちろん、歩幅を見れば体格もわかるし、足跡の深さで装備の量も推測できる。いつごろここを通ったのか、歩いていたのか走っていたのか、警戒しながら歩いていたのかや、さらに技術が優れた兵士になると利き手や体の動かし方の癖を読み取ることもできる。それがわかれば戦うときにどちら側から攻撃するのが有利かを判断できるのである。

また、足跡をつけた人間が、何を考え何をしようとしているのかも推測できる。止まって左を向いたのなら、そちらに何があったのか。その場で伏せた跡があれば敵を発見したのかもしれない。しかし、その痕跡が規則的にあるなら警戒しながら進んでいると推測できる。人工的な匂いを振りまき、足跡も気にせず歩く人がこうした兵士に追われたら、ひとたまりもない。

サバイバル

そして、自然のなかで最低限の道具だけで生き残るサバイバル技術も身に付けておきたい。

人が自然のなかで生き残るためには、自然の道理をよく理解し、自然のなかにある素材を利用する方法を知っていなければならない。しかし逆にいえば、それを知ってさえいれば、自然は豊かでとても居心地のいい場所になるものである。

たとえば、サバイバル時に最優先に考えなければいけないのは体温を保持することだが、もしテントがなくとも、木の枝や葉を使えば雨や風から身を守るシェルターをつくることができる。また、落ち葉を服の中に詰め込んだり、積んだ落ち葉の中に潜り込んだりするだけでも暖かく過ごすことができる。それらを知っているかどうか、実践できるかどうかが生死を左右する。

また、格闘術も戦場で生き残るサバイバル術のひとつだ。戦うのはできれば避けたいものだが、もし戦うのなら、短い時間で、静かに、狭いエリアで、体力を使わずに敵を排除しなければならない。そのために素手やナイフを使った格闘術を習得する。

危険を素早く察知する

自分の身に迫る脅威をいち早く知る。これもまたスカウトの技術である。相手の「気配」を素早く察知し、敵と遭遇しないようにしないと戦場では生き残れない。気配を感じるなどというとオカルトチックで非現実的に聞こえるかもしれないが、現実にそれは訓練によって可能になる。そのためにまず大切なのが、自然界に存在するベースラインをよく知ることである。

ベースラインとは、つまり何事もないいつもどおりの状態のことである。まずはこの状態がどんなものなのかを精度高く感じ取れるようにならないといけない。たとえば一日森に入って過ごしてみるといい。最初、森に足を踏み入れたとき、きっと鳥は鳴き声を上げて飛び立ち、獣はこちらが気づくまでに逃げ去ってしまうだろう。このときは、あなたは完全にベースラインを乱す存在なのだ。

しかし、一ヶ所に腰を落ち着け静かに過ごしていると、いつの間にか鳥は元の位置に戻って穏やかな鳴き声を上げはじめ、ざわついていた動物たちも平静を取り戻す。これは、あなたが自然に溶け込んでベースラインのなかの存在に変わったからである。そのまま穏やかに過ごしていれば、今度はベースラインが一日のなかでも変化していくのがわかるだろう。動物や虫たちが目覚めて活動を始める朝には朝のベースラインがあり、動きの少ない日中には日中のベースラインがある。そして、夜行性の動物が動きだす夜間もそうだろう。もちろんそれは季節によっても違う。そうして森のベースラインの細部まで感じられるようになれば、今度はベースラインを乱すものをいち早く察知できるようになる。自然のなかに溶け込むことで、自然を乱す「気配」(波紋)を感じることができるようになるのである。

自然に溶け込むためには、心を穏やかにし動作を緩やかにしなくてはならないが、この状態をつくるエクササイズがある。まず静かな月夜をイメージし、心のなかに、月の明かりに照らされた、波ひとつない穏やかな水面を思い描く。この穏やかな水面をイメージしつづけられれば自然に溶け込んでいる状態だ。しかし、もしこの池に波紋が生まれたならば、それは何かほかの存在か、あるいは自分自身がベースラインを乱してしまっているということになる。

心を穏やかにした状態で20分以上いると、風の動きを感じ、木々や鳥、虫たちが出す音が聞こえてきて自分が自然に溶け込んだ状態になれるだろう。また、開けた河原から岩場などに出た際、すなわち、自分のいる環境に変化があったら、再度、溶け込む作業をしなければならない。環境が変われればベースラインも変わるので、その作業を怠ると即座に自分が異物となってしまう。

ワイドアングルビジョンで危険を察知

気配や違和感を視覚的に感じやすい視点の持ち方として、ワイドアングルビジョンを紹介しよう。これは目の焦点をどこにも合わせずに、視野全体を一度に広く見るという方法である。

普段のわれわれは一点に焦点を合わせるトンネルビジョンを使っているが、これだと見ることができるのはわずかな範囲のみ。だが、ワイドアングルビジョンを使うと視野が広くなり、状況の変化が見えやすくなるのである。

動物たちは、主にワイドアングルビジョンを使い、目標を決めて攻撃するときにトンネルビジョンに切り替える。同じように、ふたつのビジョンをうまく使い分けなくてはならない。

一点に焦点を合わせずに見るワイドアングルビジョンと聴覚を組み合わせることで、周囲の変化により気づきやすくなる

ワイドアングルビジョンも、心と体を静かに保ち、自然のベースラインに溶け込んだ状態で行うようにする

音と匂いに敏感になれ

戦場では人間がもつ視覚、聴覚、嗅覚をフルに活用して先に相手の存在を察知しなければならない。このうち大方の兵士が最も信頼しているのが視覚による情報だ。しかし、目で見えるということは向こうからも見えてしまう状態なので、カムフラージュをしていなければ危険な状態である。その前に聴覚と嗅覚、つまり匂いと音による情報を感じ危険を察知しなければならない。実は、この音と匂いで命が助かることはとても多いのだ。

スカウトや特殊部隊となると全く話が違うが、一般的な歩兵はけっこう騒がしいものである。平気でソールが硬いブーツを地面に擦りつけて歩くし、銃器のベルトや金具、ヘルメットから出るガシャガシャという音も気にしない。そして、森のなかで隠れて進む兵が枝や葉を踏む音も意外なほど大きい。茂みに隠れようとガサガサと音を立てて見つかる兵もいる。

侵攻して来た歩兵なら入浴も洗濯もしていないので、汗の臭いや体臭がある。また、兵隊が着る軍服特有の匂いもあるし、優れたスカウトは、１㎞先の銃器の油の匂いを察知することもある。さらに、人が歩いたあとには土の匂いが舞い上がる。山道や森のなか、湿っている土だとより匂いは濃くなる。踏みつけた草の青々とした匂いも残りやすいものだ。

音と匂いは意外なほど遠くへ届く

優れた兵士であれば、隠密作戦の行動中にタバコを吸うものなどいない。人が出す匂いや音というのは遠くへ届くものなので、それを感じ取るアンテナをもつ

しかし、こうした音や匂いの情報も、感じる側にそのフィルターがないと拾える量が極端に少なくなってしまう。土が舞い上がる匂いというフィルターがあるかないかが大事である。

そもそも、われわれは普段の生活では正面の音以外は無視していいことにしてしまっているものだ。しかし、戦場では３６０度、全方位にアンテナを張らなければならない。

そのためには、少しずつアンテナの範囲を広げていくといい。まず正面の音を聞く、次に右側の音を足す、次は左側、後ろ、というふうにして全方位にアンテナを立てていく。ずっとその状態を保つのは難しいので、アンテナを立てて安全と思ったら移動し、またアンテナを立てるということを繰り返しながら進む。

夜は光を意識して隠れる場所を選ぶ

夜になれば、隠れることができる場所が一気に増える。光と影のコントラストをうまく使えば、驚くほど大胆な場所に潜むことも可能である。

コントラストを使うとは、明るさのなかにある暗さを使うということである。例えば月明かりのなかにできる電柱の影や木の影で、周りが明るければそこにできる影の中はほぼ見えなくなるものだ。そのため、移動するときはこうした影から影を伝って動くようにする。コントラストが強いほうがいいので、月明かりが少ないときより明るい満月の夜のほうが実は隠れる場所は多い。光があるから影ができるのである。もちろん遮蔽物があればそれが一番だが、光と影を意識すれば相手の視界に入っていても見つからない。

最も見つかりにくいのが、光のすぐ後ろだ。もし敵兵に向かって照らすライトがあれば、その後ろは格好の隠れ場所である。自動販売機の横の影、足元を照らしている街灯の後ろなども隠れやすい。

しかし、反対にいえば敵もこうしたところに隠れている。夜に敵兵の姿を探すときには、光と影のコントラストを意識して探すといい。

強い光の影は隠れやすい

瞳孔が強い光に反応して絞られるため、ライトの後ろや、自動販売機など強い光の横にできる影に身を隠すと、発見されにくくなる

スカウトの動き

スカウトが動くとき、つねに敵から見た自分の背景を意識する。具体的には、光の方向にもよるが、地平線から自分のシルエットをはみ出させないことで、自分の姿を背景に一体化させやすくすることができる。

また、背景に何もないようなオープンエリアを移動する際には、可能な限り人間の形を崩しながら進む。たとえば、頭から肩のラインはとても人間らしく見えるものなので、頭はなるべく下げて、肩のラインに沈めておく。両手、両足も自分のシルエット内に収めながら進むようにし、ゆっくりとした動きを心がける。背景に溶け込み、人のシルエットが崩れていれば、想像よりはるかに人の存在に気づくことが難しくなる。

また、周囲を警戒し、違う方向を見るときには首を動かさず、体と首を同時にゆっくり動かすこと。目玉をぎょろぎょろさせるのも、白目が目立つのでやってはいけない。

警戒強度が高い場合は、うつぶせになってしゃくとり虫のように体をゆっくり波打たせるようにして進む。一回の動作で進めるのは10～20㎝でしかないが、ほぼ完全に気配を消すことができる。

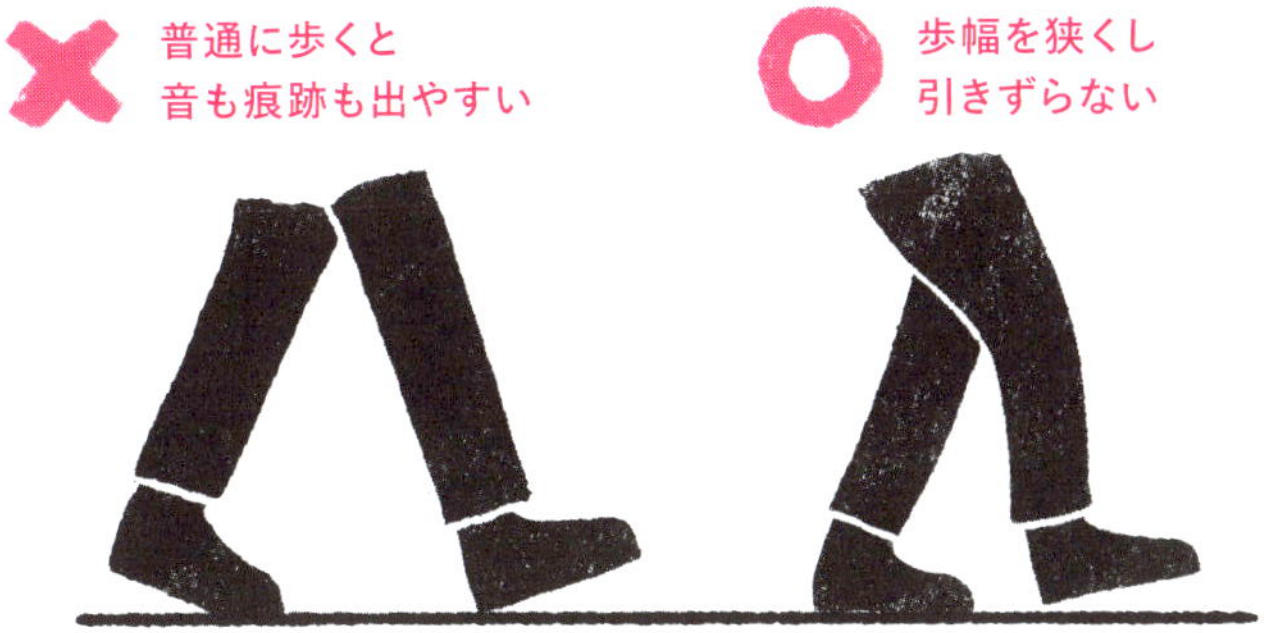

足の裏全体を地面に馴染ませるように置く

足を下ろすときには、踵やつま先からではなく、足の裏全体を地面に馴染ませるように真上から下ろすようにする。すべての動作をゆっくり行うこと

後方を警戒しながら複数人で移動する場合

何人かで夜間移動するときには、全員のシルエットをひとつにし、人間サイズにみせないという方法もある。前の人の腰に手をかけて、この場合もできるだけ人間らしくない形になるといい。何か異常を感じたら、最後尾の人が前に合図を送り静かにしゃがむ、または伏せながら周囲を警戒する

COLUMN
5

スカウトスーツのつくり方

人間らしいシルエットをぼかすような偽装を施すことで、自然のなかに溶け込み目立たないようにした野戦服が、スカウトスーツだ

スカウトスーツとは

敵地のなかを誰にも気づかれずに進むための野戦服がスカウトスーツ。既製品はないので、自分でつくるのが基本だ。

自然のベースラインを乱す要素は、規則性、輪郭がはっきりとしたアウトライン、背景と異なるコントラストなので、これをなくしていく作業をする。なお、使用する服は、ナイフで首を切られぬよう襟が付いていて、アースカラーの作業着などがおすすめ。直線的なラインも規則性のひとつなので、まず胸ポケットなどはすべて取ってしまう。そして、アウトラインやコントラスト、対称性をなくすペイントを施し完成させる。

作り方

1. オリーブオイルを塗布

自然界にない直線、直角のラインをもつので、上着とズボンの後ろのポケットをすべて取り外す。次にところどころ暗い部分を作るためにまばらにオリーブオイルをふりかける。匂いが出ないエクストラバージンオリーブオイルがいい。振りかける量は適量にする。多すぎると取り返しがつかなくなるので注意

2. 土や砂を塗りつける

服はそのままだと人工物そのものなので、人工物特有のツヤをなくすために、土や草を擦りつける。土や草をオリーブオイルに混ぜた液体を塗ってもいい。できれば実際に使用する地域の土や草を使ったほうが偽装性能は高くなる。全体を靴で踏みつけて土や草を服の繊維に擦り込むようにする

3. カラースプレーで迷彩を表現

最初に緑や茶系の色をランダムにスプレー。石や葉っぱを置いて型紙にしてもいい。次に輪郭を消すために、袖や裾、腕の外側に黒いスプレーを軽く吹きつける。次に少し明るいアイボリー系の色を、遠くからパッと降らせるように全体に少しだけ吹く。これは葉の上に乗った砂埃のようなイメージ。表面が毛羽立ったような質感にもなる。適宜、布の切れ端を縫いつけ、輪郭をあいまいにしてもいい

スカウトのドーラン

人が人に見えるのは、人間の肌のツルリとした質感や、目や頬の出っ張りやへこみがあるから。また明るい肌のツヤも自然界にないものである。そこで、顔のカムフラージュをするときには、スカウトスーツと同じように、これら人間らしい部分をなくす作業を行う。

何色ものドーランを使い迷彩模様を顔に描くカムフラージュもあるが、ベースとなる緑系の色と、同じ緑系でベースより濃い緑系の2色があればいい。

唇や耳の穴まで、塗り残しがないようにすること、凸部に濃い色を塗って顔の凹凸をなくすことがポイントだ。

作り方

1. ベースの色を顔、耳、唇全体に塗る

使う色は濃いめのオリーブ色。これを服からはみ出て見える部分すべてに塗る。目の縁の奥、まぶた、唇の奥、耳の後ろや穴の中、首筋などにもしっかりと塗る。塗ったあとは塗り残しがないか、ほかの人にチェックしてもらうといい

2. 顔の凸部に濃い色を塗る

人間の顔は、鼻の上や頬骨など出っ張っている部分は明るく、反対に凹んでいる部分は暗く見える。これを逆にして人の顔と認識させにくくするために、出っ張った部分に、より黒いオリーブ色のドーランを塗る

3. 顔全体に砂を付ける

人間の顔の毛がないのっぺりした質感は、自然界のなかではとても目立つ。そこで、顔全体にやや粒が残る泥や土を顔に付ける。細かい砂をまぶすのもいい。顔のつるりとした感じがなくなり、凸凹ができればいいだろう

戦場で生活する

戦場でサバイバルするという状況

戦争が起きても自宅が残っていて、そこで生活を続けられるようであれば、備蓄していた水や食料があるからいい。もしそれらがなかったとしても、寝る場所は確保できている。また、捕虜となって収容所に入れば、貧相だろうが食事にもありつけるかもしれない。

しかし、戦火を逃れて家を追われたら、あるいは家がミサイルや爆弾でなくなり身寄りもなくなれば、屋外での生活を余儀なくされることだってある。また、敵軍に追われて森のなかに逃げ込むということもあるかもしれない。そうなると、敵軍だけでなく自然を相手にどのように生き抜くかということも考えなければいけなくなる。

自然のなかでは、もし雨が降ればたちまち体が濡れて冷えてしまう。水や、すぐ食べられる食料を手に入れることも難しい。アウトドアに慣れていない人がそんな生活をしたら、あっという間に生きる気力をなくしてしまうだろう。それを防ぐには、今からアウトドアに慣れ親しんでおくことだ。遊びのキャンプでもいいので、自然を体で感じておいたほうがいい。

命を守る優先順位

人間が生きるために必要な要素に優先順位をつけると、第一は体温の確保である。冷たい雨や雪で体温が下がれば、人はわずか数時間で命を落としかねない。そうならないためには、周囲にある自然素材だけで周囲の環境から体を守るシェルターをつくれなければいけない。

体温の次に必要なのが、水だ。人が水を飲まずに生きていられるのは、およそ72時間。その間に飲める水を確保しなければならない。

そして次は火である。たとえばタバコの火でも暗闇のなかでは1㎞先から見えるというくらいだから、周囲に敵がいる状態で火を焚くことは自殺行為である。しかし、火があれば調理が可能になるし、心にエネルギーをもらえたりと大いに役立つ。もし火を焚くときには、火や煙が見えないように、シェルターの中で地面を深く掘って行う。掘った土は近くに置いておき、すぐに埋め戻して瞬時に消火できるようにしておくこと。太い薪は使わず、細い枝で手のひらサイズの焚き火にするといいだろう。煙を最小限に抑えるために、完全に乾いた薪を選ぶ。

優先順位の最後が食料。意外かもしれないが、人間は食物がなくても3週間から30日間は生き延びることができる。そのため、優先順位としては4番目になるのだ。

焚き火は最小限のものに

周囲の安全が確認できても、焚き火は最小限のものにし、炎が見えないようにする。出る煙や匂いにも注意

戦場での飲食

戦場で持ち歩く食べ物には、どんなものが適しているのか。最もいいのは、調理する必要がなく高カロリーなものだろう。具体的にいえば、ナッツ類やドライフルーツである。また、栄養バランスが考えられたプロテインバーやゼリー食品、サプリのようなものもいい。こうしたものなら、コンパクトなので持ち運びがしやすいし、取り出してすぐに片手でも食べられる。アウトドアショップやスポーツショップに行くと、こうした機能食がたくさん販売されている。

以前は糖質がエネルギーになるといわれ、マラソンランナーはご飯やパスタなどの炭水化物や甘いものを積極的に摂るといいといわれていたが、今では、炭水化物を制限し脂肪やタンパク質を摂ったほうがエネルギーが長持ちするともいわれている。エネルギー不足は生死に直結するので、タンパク質や脂肪も意識して摂ったほうがいいだろう。

食事は人の心に活力を与えてくれるものだ。ストレスがかかる状況や疲れた状況でも、大好きなチョコレートなどを食べると脳にもエネルギーがいくというか、とても元気が出るものである。食料を選ぶ際には、栄養面だけでなく、食べたら元気になるような好みのもの、という基準があってもいいだろう。

音の出ないソフトタイプの水筒

戦場で水筒の水が音を立てるのは、古くから兵士にとっての悩みだった。しかし、ソフトタイプの水筒を使うなど、工夫次第でどうにでもなる

もし敵兵と遭遇するおそれが大きいのであれば、食物はあまり匂いが出ないもののほうがいい。また、水を持ち運ぶときに水筒の水や飲みかけのペットボトル飲料がチャプチャプと音を立てることがあるので注意したい。水筒は、アウトドア用のソフトタイプのものを使うと、残っている水の量に合わせて潰せるので音が出ない。一回で飲みきれる量のペットボトルをいくつも持つという方法もある。

スカウト部隊であれば、1週間程度の作戦なら食べ物はほとんど口にしないし、水分も最小限しか摂らない。食べている場合ではないということもあるが、そのほうが荷物を小さくできるし、排泄回数も少なくできる。そのため一回の任務で10kg近く痩せてしまうこともある。

戦場での睡眠

戦場では眠りたいときに眠りたいだけ眠るというわけにはいかない。睡眠時間は極端に制限されると考えたほうがいいだろう。しかし、睡眠不足が続くと、思考がバラバラになり、判断能力が徐々に鈍ってくる。さらに、眠れずつらい状況が続くと、最後にはもう楽になりたいと考える者が出てくる。

楽になりたいとは、つまり死にたいということだ。睡眠不足と戦場におけるストレスで衰弱し、楽になるために死を選んでしまうのである。

しかし、山に分け入り狩猟生活を行うマタギや大海原で漁をする漁師のなかには、仕事をしているときには睡眠をあまりとらないという人もいる。これは、自然のなかに入り、自然と一体になるような状態であれば、睡眠時間が少なくても持つように人間の体ができているからなのではないかと考えられる。

自然のなかで過ごしていると、昼間でも半分寝ていて半分起きているような、不思議な感覚に包まれるときがある。そうすると、夜も短い睡眠で足りてしまうのだ。また、昼間に10分ほど昼寝をするだけでも、元気が出て注意力が回復することもある。

寝言やいびきにも注意する

敵兵が近くにいるおそれがあるなら、寝言やいびきにも注意する。戦場のストレスで、睡眠中に大きな悲鳴を上げてしまうこともある

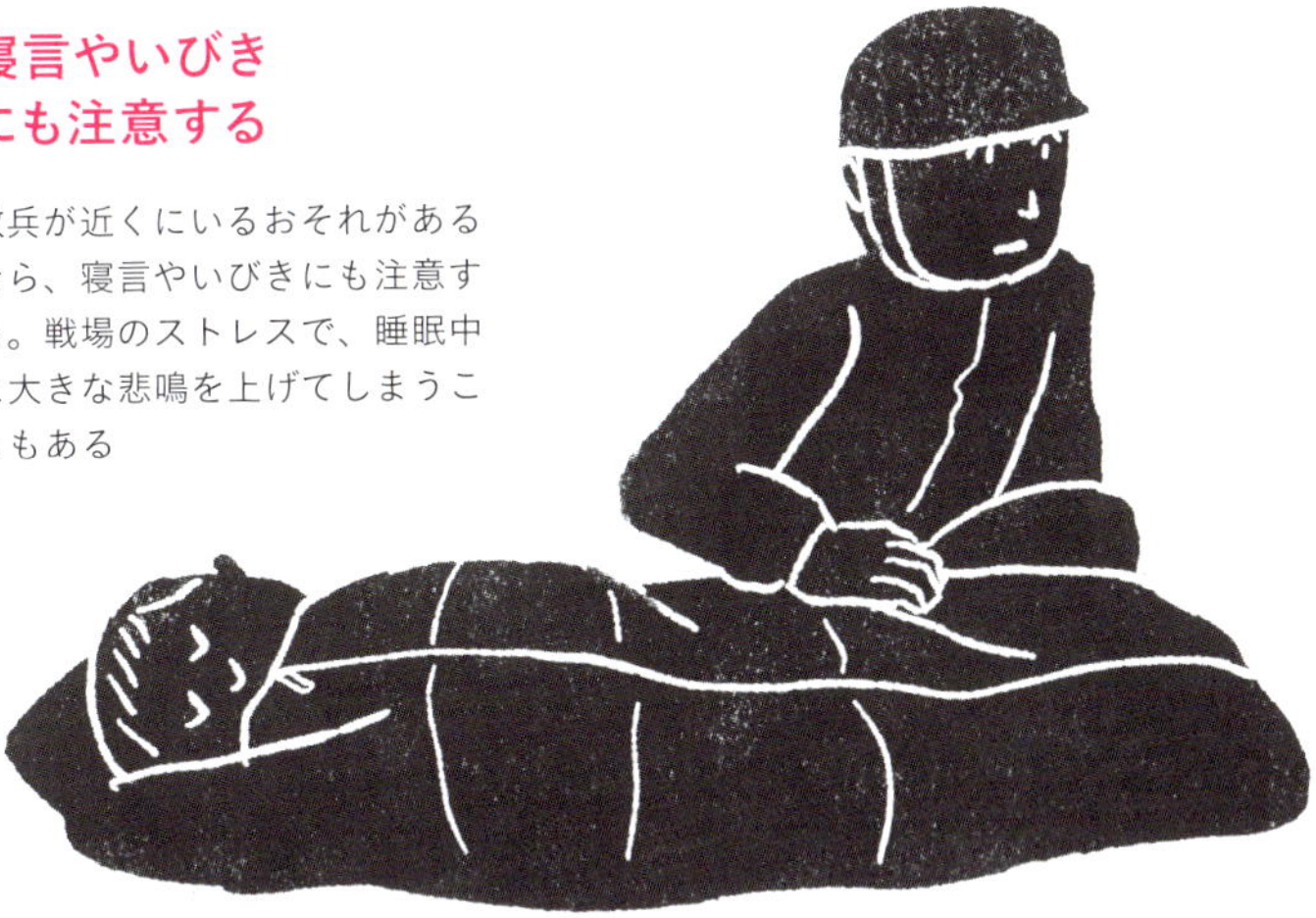

部隊の作戦行動は睡眠不足との闘いでもある。作戦中の睡眠は2時間交代制。そして寝ている兵のそばに起きている人が必ずつくようにする。2時間としているのは、あまり深く眠ってしまうと、大きないびきをかいたり突然、寝言をいいだしたりする者が出るからだ。また、夢を見て悲鳴を上げてしまう兵士もいる。それでは部隊の安全に関わるので、あえて2時間にし、深く眠らないようにするのである。

寝ている兵士の隣に起きている兵士が付き添うのもそれを監視するためで、ときには深く眠りすぎないように体をつついたりもする。ストレスで悲鳴を上げる兵士に対しては、どこか体に触れておいてやる。それだけでも安心感を覚えて落ち着いて眠ることができるようになる。

戦争時のトイレ

戦争中といえども、悲しいかな、人は排泄をせずに暮らしていくことはできない。

ミサイルや爆撃で下水道の破壊や停電、断水が起これば、家の水洗トイレは使用できなくなってしまう。断水しているなら風呂の水を使えばいいとか、どこかから水を汲んでくればいいと考えてはいけない。もし建物の排水管が壊れていたら、そこから汚物が漏れて大変なことになってしまうからである。

戦時中ではなく震災時での話だが、多くの防災マニュアルでは、震災後にすぐトイレを使うのは避けなければいけないとされているのである。とくにマンションでは、下の階に汚物が溢れ出てしまうこともあるので注意する。

こうした事態を避けるには、災害用の簡易トイレを用意しておくのが最もいいだろう。販売されている立派なものでなくても、ゴミ袋に新聞紙を細かくちぎったものを入れて使用し、あれば専用の凝固剤をかける方法でもいい。ネコのトイレ用の砂を入れるのも消臭効果がある。使用後はゴミ袋の口をしっかり縛っておく。

存在を敵に知られたくない場合には、排泄物の処理が問題になる。排泄物は埋めないでおけ

トイレの最中は無防備な状態

大小にかかわらずトイレのときは無防備な状態になってしまうので、素早く済ませるべき。数人で行動しているなら、周囲を監視してもらうといいだろう

ば最も早く分解されるという実験結果もあるようだが、それだと大きな痕跡を残してしまうことになる。それを避けるには、目立たないところに穴を掘ってしたほうがいい。その余裕もなければ持って移動するほかない。そのときはビニール袋などに排泄する。

また、トイレの時間というのは、人が最も無防備になる状態である。人目につかない場所でしたい気持ちはあるだろうが、ほかの誰かが周囲を監視してもらい、速やかにことを済ませるべきである。トイレの途中で攻撃を受けたりはしたくないはずだ。

スカウト部隊が任務を遂行しているときには、トイレは我慢するというのが基本だ。その行為自体が危険だし、臭いも出てしまう。

救助を求める方法

自分や家族が怪我をして動けなくなったりしたときに、もし味方の軍や医療チームが近くにいるならば、こちらの存在を知らせ救助を要請しなくてはならない。また、どこかに取り残されてしまったが、上空のヘリに助けを求めたいというときもある。そうしたときに、こちらの存在を相手に知らせる方法がシグナリングである。敵軍にも存在が知られてしまうおそれもあるので状況によっては危険を伴う行為だが、いざというときには必要になる技術だ。

シグナリングには、視覚的なものによるものと音によるものの二つがある。視覚的なものは視界が開けていないと見えないし、音によるものは音が届かないと意味がない。相手が車やヘリコプターに乗っていたら、よほど大きな音でないと聞こえないのだ。視覚的なものと音によるものそれぞれの特徴を踏まえ、適切に使い分けなくてはならない。

視覚的なものの代表格はミラーを使う方法で、太陽が出ているのであれば、これが一番、目立つ方法だ。専用のミラーを使うのが一番効率的だが、練習すれば普通の手鏡でも代用できる。やり方は、片手の指でVの字をつくり、シグナルを送りたい相手、たとえばヘリコプターに向け、照準のように使って反射光の角度を調節する。

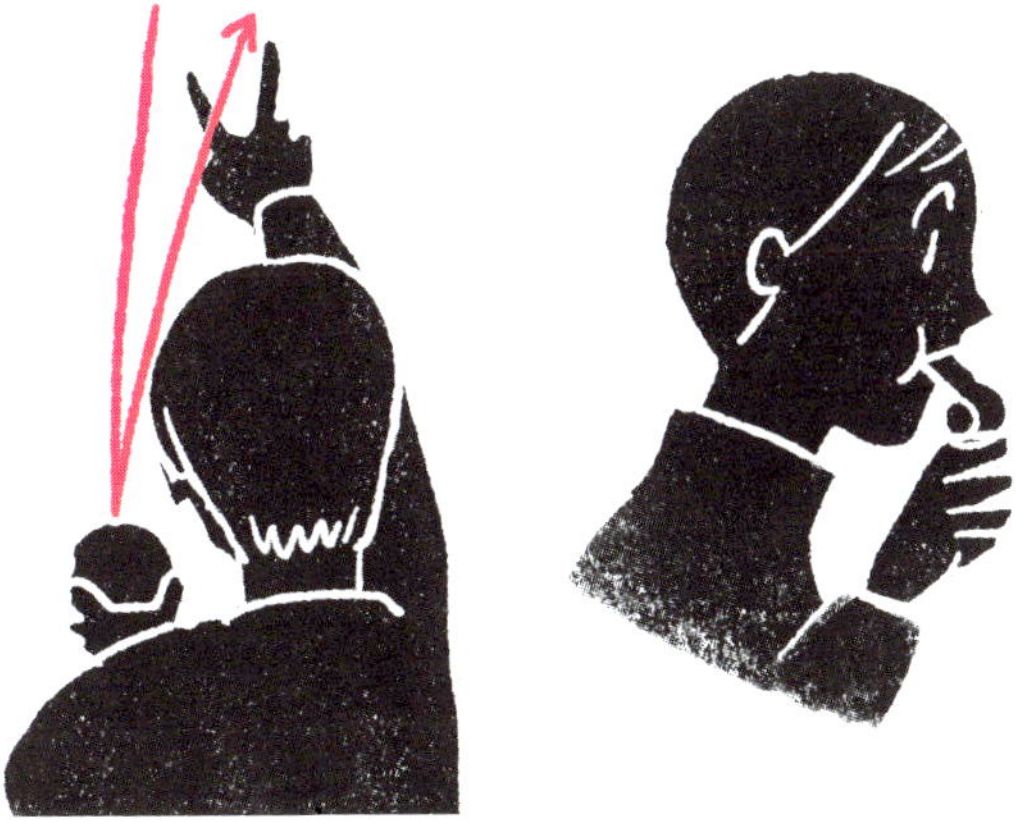

音か光で自分の存在を知らせる

こちらの存在を遠くにいる相手に知らせるために、音か光を利用する。どちらも長所と短所があるので、ふたつの方法をうまく使い分けなければならない

ただし、ミラーは夜間や太陽光が弱い天候だと使うことができないので、その場合はライトや焚き火など光を出すものが有効になる。

音によるシグナルはホイッスルが聞こえやすい。なければ周囲の何かを叩くという方法もあるが、このときは金属的な音など自然界にない音を出すほうが相手に届きやすい。

音のシグナルは昼夜を問わず使えるが、視覚的なシグナルと比べると、自分の場所をピンポイントで伝えるのが難しい。そのため相手の場所を認識できていないときはホイッスルなどで音を出し、救助側が近くまで来たら視覚的シグナルに切り替えるといった必要も出てくる。怪我で自分の意識がなくなりそうだというときには、ラジオをつけておくという方法も有効だ。

おわりに

最も危険とされる敵地後方、紛争地域、危険地域などの命を脅かすエリア、ゾーンを主たる戦場とする潜入部隊に必要となるスキルとしては、まず観察力、洞察力、認識力などの感覚的な才幹が主体となる。それらが主軸となり、カムフラージュ能力（周囲の状況に溶け込み気配を消す）、トラッキング能力（痕跡を発見し分析する）、サバイバル能力（生存自活）、戦闘能力（護身術）などの、実証的な才腕が必要となる。そして、それらの力を最大限に発揮するためには、決断力と行動力が不可欠であり、その決断力には、勇気と責任感がともない、その行動力には、信念と忍耐力が要求される。

それは、兵士も民間人も変わらない。

潜入部隊の任務の主たる目的は、情報を持ち帰ることである。敵地後方に潜入し、闇を味方に闇に潜み、影を纏い影の中を移動する。その際、カムフラージュ（視覚的要素、聴覚的要素、嗅覚的要素）の観点を意識・認識しながら潜伏し、敵情報収集を実施する。収集する情報は、ターゲットエリア周辺の地形、そこに出入りする人と物資の流れ、生活リズム、装備や服装など多岐にわたり、時間帯の変化に応じて綿密に調査を行う。

昼間は昼間の、夜間においては夜間の状況を洞察・認識することにより、ターゲットエリアの隙や弱点などを探し出し、さらなる潜入・活動エリア拡大へと繋げていく。ただし、周囲をコントロール下に置けない状況では、決して無理な行動に出てはならない。難問に直面したら、とりあえず様子を見、場合によっては離脱することを心がけておく必要がある。

その後、収集した情報に基づいて、ターゲットエリアの詳細な描写を浮き彫りにしていき、諸々の情報を多角的に分析し、攻略のシミュレーションとしていく。

潜入時に必要な要素として3つのポイントを挙げておくと、ひとつ目は「エネルギーの保持」、ふたつ目は「恐怖心との向き合い方」、3つ目は「その瞬間の覚悟」となる。

ひとつ目に挙げた「エネルギーの保持」については、すべてを自分のコントロール下に置くことで可能となる。身体のエネルギーの保持に関しては、平時から自分の体力の限界を認識しておくことが必須であり、作戦行動中であっても、その平時の認識が基準となる。

また、さらなる重要な要素として、心のエネルギーの保持とバランスを整え保つことも絶対不可欠である。潜入時の緊迫した状況下では、想像を超えたストレスがかかるものであり、そのストレスによって心のエネルギーが消耗され、ダメージを受け、それは身体のエネルギーをも奪ってしまう結果となる。よって、身体と心のエネルギーの保持については、有事の際にパニックやカウンターパニック（動けない、停止してしまうこと）に陥らないために、思考や判断力に迷いが生じないよう、平時より高い次元での準備が必要となる。

ふたつ目の「恐怖心との向き合い方」については、まず恐怖心にはさまざまな要素・要因があると思われるが、こと作戦行動中においては、得体の知れない不可解なテンションのベールに呑み込まれる感覚に陥ることがある。それがネガティブな緊張となり、脅威と感じた物の存在がわからないが故に、見えないが故に、正体をつかめないが故に、脅威を増幅させてしまうことから恐怖心が生まれてくることがある。それと向きあうためには、その存在の有無を確認し、それを視覚的に認識し、そして恐怖の正体を突き止めることにより、恐怖心をポジティブな緊張感と捉えていく。ネガティブな緊張状態（悪い恐怖心）に陥ると、心拍数の上昇、発汗、呼吸の乱れ、身震いなどが起こり、免疫機能の低下、判断力の低下、決断力の低下、能動性の低下、五感の低下などに繋がるおそれがある。

それとは逆に、ポジティブな緊張感（よい恐怖心）を受け容れることにより、より行動が慎重となり、反射神経が研ぎ澄まされ脅威に対する注意力が高まり、逆境に耐えうる能力が向上し、楽観的に捉えることによりそれを意識的に武器としていくことができる。そして、冷静な判断と的確なパフォーマンスへと導いていくことができる。

3つ目の「その瞬間の覚悟」については、最後の手段として挑まざるを得ない時は、戦いを始めるか否かの決断を十分に考慮しなくてはならず、確実に優位な状況・条件が揃っている場合のみ行使する。その際、何かをしようと心に決めたら、それを徹頭徹尾やり抜かなければならない。だが、それと同時に自分のすることに対し、結果責任と覚悟をもつことが求められる。

何をするにせよ、自分がなぜそれを行おうとするのかを知覚し、それが不確実な状態だとしても、判断に迷いが生じたり行動に疑いが出たり、ましてや後悔することなく、ただひたすら遂行しなければならない。同じエネルギーを使うのであれば、ネガティブな方向ではなくポジティブな方向でエネルギーを使うべきである。そして、物事のなりゆきを偶然にゆだねることなく、自己認識と不屈の意志をもってその出来事の結果に対し、向きあうことが必要になる。常に念頭に置いておきたいのは、覚悟をもち一念を定めた者にとっては、その心に巣食う危険性と精神に宿る道徳性とのバランスを護持することである。

今この瞬間にも、テロの脅威は潜在し世界のどこかの紛争地域や危険地域で、厳しい現実と向きあっている兵士や民間人が存在する。そんな彼らの挑む姿勢や対策、毎日を生き抜く方策や方略にならい、その経験則が有事の際にはガイドとなることであろう。

特殊な任務に携わる兵士であれば、潜入時・潜伏時・離脱時と、民間人であれば、平時・混乱時・行動時と、それらすべてにおいていえるのは、観察力、洞察力、認識力の必要性と、カムフラージュ能力、トラッキング能力、サバイバル能力、戦闘能力の重要性と、それにともなうエネルギーの保持、恐怖心との向き合い方、その瞬間の覚悟、これらを強く意識・認識し、心身のバランスを自分のコントロール下に収められた先に、光が見えてくるものと思われる。

有事の際は、ただひたすら目の前のやるべきことに集中し、確実にそれを成し遂げていく必要がある。過大な期待をすることはせず、また決してあきらめることもせず、今この瞬間を生き抜くことだけを考え、明日に繋げていって頂きたい。

仲間のために、家族のために、自分のために……。

（令和元年5月11日記）

S&T OUTCOMES隊員　S

（株）S&T
OUTCOMES

陸上自衛隊へのロープレスキュー及び戦闘技術指導。陸上自衛隊及び民間企業へのプロテクション教育。行政関係、大手警備会社への対テロセミナーの実施。綜合警備保障株式会社からの受託にて、JICAの研修業務に講師を派遣。国内資源開発企業、国内総合商社、大手新聞社など、海外へ社員を派遣する企業に対する危機管理担当者向けの対テロセミナー、海外渡航者向けの安全研修を実施。大手外資系企業の本社、物流施設の施設警備業務、国際NGOとの危機管理研修の連携、子供支援に関わるNPO団体との連携など、各種警備業務、警護業務を実施

（一社）危機管理リーダー教育協会
川口 拓

自然学校「WILD AND NATIVE」を主催し、地球とのつながりを感じる自然体験プログラムを実施。2013年、一般社団法人「危機管理リーダー教育協会」を設立。テレビ、雑誌などメディアへの企画協力や出演も多数。CMLE災害対策インストラクター養成トレーナー、CMLEブッシュクラフトインストラクタートレーナー、自衛隊危機管理教官、自衛隊サバイバル教官。著書に『ブッシュクラフト一大人の野遊びマニュアル』（誠文堂新光社）などがある

編集
原 太一

装丁・デザイン
草薙伸行 (Planet Plan Design Works)

イラスト
ササキサキコ

校正
越湖雄次

もしも戦《せん》争《そう》に巻《ま》き込《こ》まれたらこうやって生《い》きのびる

民《みん》間《かん》人《じん》のための
戦《せん》場《じょう》行《こう》動《どう》マニュアル

2019年6月28日　発　行　　NDC 391
2022年12月1日　第4刷

著　者　（株）S&T OUTCOMES
　　　　（一社）危《き》機《き》管《かん》理《り》リーダー教《きょう》育《いく》協《きょう》会《かい》 川《かわ》口《ぐち》 拓《たく》
発行者　小川雄一
発行所　株式会社 誠文堂新光社
　　　　〒113-0033　東京都文京区本郷3-3-11
　　　　電話　03-5800-5780
　　　　https://www.seibundo-shinkosha.net/
印刷所　星野精版印刷 株式会社
製本所　和光堂 株式会社

ISBN978-4-416-51935-6